世界のエリートが学んできた「自分で考える力」の授業

狩野みき MIKI KANO

日本実業出版社

はじめに

「どうすればいいかって？　そんなの、自分で考えてよ」

「言いたいことはわかるんだけど、今ひとつ説得力がないんだよね……」

「ツメが甘いな。ちゃんと考えたのか？」


これに似たようなことを、皆さんもどこかで言われたことはありませんか。

何かの課題に自分なりの答えを出すこと。想定外の事態を乗り切るべく、新たなシナリオを見つけ出すこと。自分の意見に説得力を持たせること。いずれも、「きちんと考える」ことができなければ、うまくはいきません。

しかし、「きちんと考える」つまり「考え抜く」とは実際、どうすればいいのでしょう。何を、どのようなプロセスでどう考えれば「考え抜いた」と言えるのでしょうか。


その答えが、本書にあります。

日本で教育を受けた人が、考え抜くための術《すべ》を知らないのはある意味、当り前なのではないかと思います。なぜなら、日本の学校教育はいわゆる「正解主義」に重きを置いていて、1人1人の「答え」や「意見」を尊重するような考え方についてはほとんど教えてくれないのですから……。

文章の書き方や計算、理科、社会、そして英語も学校で（ある程度は）教えてくれるのに、なぜか、自分の意見の作り方や、正解のない問いに自分なりの答えを出すための考え方は教えてくれない。ところが、社会に出ると、今までほとんど訓練を受けたことのない、「自分の頭で考える力」を当然のように求められる。ひどい話です。

一方で、グローバルな舞台で活躍する人々に目を向けてみると、彼らは1人1人が明確な意見を持ち、じっくりと考え抜くためのスキルを身につけているようです。これは1つには、彼らが受けた教育のためだと言えます。エリートと呼ばれる人たちの多くは、アメリカやヨーロッパなどの良質な学校に学んでおり、そこで彼らが習得するのが「考え抜く力」なのです。

たとえば、アメリカのハイスクールでは、本書でもご紹介するクリティカル・シンキング（critical thinking）が20年以上も前から導入されています。

クリティカル・シンキングは、簡単に言うと「じっくりと主体的に考えるための思考法」

のことです。ひとりよがりではない、健全な「自分だけの答え」や、「意見」を持つための必須スキルであるクリティカル・シンキングは、英米では小学校から教えるところもあるほどです。

本書は、日本の学校が教えてくれなかった「考え抜く力」を、欧米の学校での教え方をヒントに、大人、主にビジネスパーソン向けにわかりやすく伝授するものです。米・ハーバード大学が提唱する「考え方のツボ」やクリティカル・シンキングをもとに、私の経験を踏まえ、考える方法としてまとめました。本書を読めば、何をどう考えればいいのか、その実践プロセスがわかります。

私は約20年にわたって大学等で「考え抜く力」を教えてきましたが、欧米、特にアメリカの「考え抜く力」の教え方は非常に効果的である、という実感があります。グローバルに活躍する人たちが若い頃に学んだからこそ武器となっている「考え抜く力」を、日本のより多くのビジネスパーソンに身につけてほしいと願ってやみません。

２０１３年６月

狩野　みき

CONTENTS 世界のエリートが学んできた「自分で考える力」の授業

Lesson 1

「自分の意見」の作り方

――なぜ、私たちは「想定外」に弱いのか

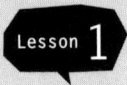

Lesson 2

理解を深める
──「事実らしきもの」を前に考えをとめない

Lesson 3

視点を増やして発想を広げる

Lesson 4

未来のシナリオで現実的な選択肢を手に入れる

Lesson 5

上手に「意見を交換する」ために欧米人が持っているルール

カバーデザイン／吉村朋子
本文デザイン・DTP／森田祥子（TYPE FACE）
カバー写真／Andrew McGovern（TEDxTokyo）
本文イラスト／石川ともこ

自分の意見を作るための「考える手順」リスト

step1　理解を深める

〈理解を深めるための４つの手順〉

- ☐ 理解できているかどうかをチェックする
- ☐ 理解できていないことは何か、きちんと挙げてみる
- ☐「理解できていないこと」をなくすための、効果的な質問を考えてみる
- ☐ 実際に質問をするクセをつける

※注意点　事実か、意見かを確認する

↓

step2　視点を広げる

- ☐ 誰かになりきって考える
- ☐ １人弁証法を使う　など

↓

step3　未来から、より現実的なアクションを考える

- ☐「現実のものとなったら何が起きるのか」のシナリオを作る
- ☐ うまくいった場合、いかなかった場合を考え、手を打つべきことはないか考える
- ☐ その行動は実行可能なのか、考える
- ☐ その行動は今しておく必要があるのか、考える
- ☐ 必然性から行動を見直す
- ☐「完全根拠リスト」で頭を整理する
- ☐ 当り前過ぎる根拠を見直す
- ☐ 暗黙の前提はないか
- ☐ 本当の目的を考える

↓

step4　「意見」ができる！

- ☐ 自分の意見に自信を持つ
- ☐「意見を持つ人」として気をつけるべきこと

↓

step5　批評・反論を自分のものにして意見を磨きあげる

- ☐ しなやかに議論し、戦うためのルールを知ろう！

Lesson

1

「自分の意見」の作り方

――なぜ、私たちは「想定外」に弱いのか

Lesson 1

自分の意見を作る授業

先生「リーダーってどんな人だと思う?」
生徒「偉い人!」、「人気のある人!」、「頭のいい人!」
先生「そもそも、リーダーって何で必要なのかな?」
生徒「だってリーダーがいないと、
みんなバラバラになっちゃう」
先生「じゃあ、みんながバラバラにならないために、
リーダーがしなければいけないことって何だろう?」
生徒「みんなをまとめること!」
先生「どうやって?」
生徒「頭を使って?」
生徒「力づくでまとめようとするリーダーもいるよ」
先生「じゃあ、みんなが知っている
リーダー像を書き出してみよう」

先生　「リーダーについて、わからないこと、
もっと知りたいこと、疑問に思うことって何がある？」

生徒　「どうしたらリーダーになれるの？」

生徒　「昔からリーダーっているの？」

生徒　「悪いリーダーって最初から悪い人だったの？」

先生　「リーダーについてみんなが疑問に思うことを挙げてみようよ。
それから、みんなで調べて疑問を解決しよう」

先生　「リーダーについて、わかったところで、
みんなに質問。理想のリーダーってどんな人だと思う？」

生徒　「一人一人のことをきちんと考えてくれる人。
みんなを人間として扱わずに失敗したリーダーは、今までたくさんいたから」

生徒　「私は、そうは思わないな。
だって、一人一人のことをいちいち考えてたら、何もできなくなっちゃうと思う。
私は、自分はこういうやり方でいくんだっていう、
しっかりとした態度の人が理想のリーダーだと思う」

ハーバード大学も提唱する「自分の意見の作り方」3《スリー》ステップ

前ページで紹介した「ある教室でのやりとり」は、欧米の小学校での授業風景をイメージしたものです。日本とは違うなぁ、という印象を持たれたのではないでしょうか。

それもそのはず、この欧米式授業では、日本の普通の学校では教えてくれない「あるもの」が見事に指導されているのですから。

その「あるもの」とは、「自分の意見の作り方」。考え抜く力の基本です。

前ページの授業風景で、子どもたちはまず、**①自分がリーダーについてどんなことを知っているか確認し、②リーダーに関して疑問に思うこと・知りたいことを調べ、③「理想のリーダー像とは何か」と各自意見を言っています。**この3つのステップこそが「自分の意見の作り方」の3《スリー》ステップです（米・ハーバード大学の教育プロジェクトも、この3ス

図1-1 「自分の意見の作り方」3ステップ

Step①

〈あること〉について自分はどれだけ理解しているのか、確認する

↓ 「理解していること」を確認すれば、
「理解できていないこと」が明らかになる

Step②

〈あること〉について理解できていないことは何か把握し、「理解できていないこと」を解決するために、調べる

↓ 理解が深まる

Step③

自分の意見を持つ

テップの重要性を唱えています）。

ここで大事なのは、「あること」に対する理解を深めること（ステップ①と②）なしに、いきなり「意見を持つ」という段階（ステップ③）に飛ぶのはNGだ、ということです。

たとえば、聞き流すだけで英語力が飛躍的にアップするという音声商品を、後輩が商品企画として提案したとします。これに対してあなたは、「聞き流すだけの英語教材なんて、X社の超人気商品の二番煎じじゃないか、それに、英語教材のマーケットは、うちみたいな会社には太刀打ちできないよ、反対だね」と言ったとします。後輩の企画について十分に理解した上でこう言っているのならこれは立派な「意見」ですが、あまりよくわかっていないのにこう言ったとしたら、**「印象」に過ぎません。**

想定外に対応するためには「自分で考えて動ける」ことが大事

「技術も高いし、教えたことの飲み込みはよいし、指示通りにきちんと動く。でも、想定外の事態には弱い」

日本人選手のことを評して、よく外国人のスポーツ監督やジャーナリストたちは、こんな風に言います（そのような選手ばかりではないですけれど）。

知人のアメリカのジャーナリストから、「試合は『生もの』だから、想定通りにいかないことばかり。想定外の事態が起きたら、自分で考えて自分で動かなくちゃいけない。でも、そういう力が日本人選手には欠けている」と聞いたこともあります。

生ものである、という点ではビジネスも同じです。先ほどの日本人選手評はそのまま、「日本人評」と言える場面があるのではないか、とも思います。

では、どうすれば「自分で考えて自分で動ける」ようになるのでしょうか。

想定外の事態に出くわしたときに必要なのは、「今どんな事態に直面しているのか」をきちんと理解した上で、策を練ることです。

ここでも先ほど紹介した「自分の意見の作り方3ステップ」が応用できます。つまり、

ステップ①：この事態について自分が理解していることは何か、確認する

ステップ②：この事態をもっと理解するために調べなければならないことは何か、を把握して調べる

ステップ③：この事態をどう切り抜けるべきか、という「自分の意見」を持つ

となるわけです。

どんな分野でも応用が利く、「自分の意見の作り方3ステップ」。だからこそ、若いうちから身につけるべきだ、という欧米の学校の姿勢も、なるほど、うなずけます。

日本の学校では教えてくれないけれど、欧米のよい学校では教えてくれる、意見を作るための3ステップ。私はこの3ステップこそが、「なぜ、日本人は自分の意見を持つこと、言うことが苦手なのか」という問題を解くカギを握っていると思います。なぜかと言うと、日本人は、ステップ①とステップ②、つまり「きちんと理解すること」を実行しづらい「文化」に生きているからです。

「理解する」を避けて通る日本人!?

日本でとある議論の場に出席したときのことです。グループに分かれて、これからの学校教育について議論してください、と言われました。そこで私が目にした「議論」は、どのようなものだったかと言うと……

Aさん　「私は、今の教育って○○だと思います」
みんな　（清聴の上、うなずく。「そうですよねえ」の声も）
Bさん　「私は、こういう風に思います」
みんな　（清聴の上、うなずく）

このようなやりとりが延々と繰り返されていたのです。誰1人として、他の人の発言に疑問・質問は投げかけないし、ましてや反論などしません。出席者同士の意見がからみ合うということがないのです。

なぜ、活発に議論することが求められている場でも、このようなパターンになってしまうのでしょうか？ 空気を読むから？ 根回しのせい？ 理由は様々だと思います。でも、私はここで、「相手の意見をきちんと理解したくてもなかなかできない」という日本の文化のあり方に、目を向けてみたいと思うのです。

「上司に言われたくない言葉」の1位は？

日本の某企業が新社会人を対象に「上司に言われたくない言葉」について、2012年に調査したところ、1位にランクインしたのが「言っている意味わかる？」だったそうです。

日本語には、互いに察し合うことによってコミュニケーションが成り立つ、という性格があります。このコミュニケーション・スタイルはじわじわと変わってきているとはいえ、それでも基本的には「あ・うん」の呼吸がよしとされますし、自分や相手の発言について、とやかく質問・確認しない傾向があります。

そのような文化に生きている日本人にとっては「言っている意味わかる？」という言葉は、耳慣れないし、ときにはカチンと来ることもあるのだと思います（「あなた、わかっないですよね」と言われているようにもとれますから）。

でも、私たちは、質問や確認をすることなしに、本当にすべてを理解できているのでしょうか。理解しているつもりになっているだけだとしたら……。

根掘り葉掘り聞いてくる英語文化の人たち

一方で、英語文化の人たちはどうかと言うと、「言っている意味わかる？」の英語版である You know what I mean?　は皆が日常的に使いますし、You know.（「わかるでしょ」）はあまりに頻繁に使うので、ほとんど意味をなさなくなってしまっているほどです。

そして、彼らは自分の発言の意味を相手に確認するだけでなく、相手の発言についても積極的に質問する傾向があります。


たとえば、出張から帰ってきたばかりの同僚との会話を想像してみてください。

日本人同士なら、

「ローマ、どうだった？」

「うん、よかったよ」

といった程度で終わるのが、普通だと思います。

ところが、英語のネイティブ・スピーカー同士の会話だとこうはいきません。

「ローマ、どうだった？」

「うん、よかったよ」

「よかったって、どういう意味？　ご飯がおいしくて美人がたくさんいたってこと？」

「街そのものもすばらしかったね。歴史と共存している、とでも言うのかな」

「歴史と共存しているっていう意味では京都もそうでしょう。京都とどっちがよかった？」

「うーん、どっちもいいなぁ」

「じゃあ、もしもどっちか片方しか行けないとしたら、どっちを選ぶ？」

もう、ほとんど尋問!?　と思えるほど、根掘り葉掘り聞かれることもめずらしくありません。でもここに、相手の発言をもっと理解しようという、聞き手の態度が見て取れることは確かです。

クリティカル・シンキングとは？
――“根拠”をもって話すルール

では、どうすればもっと理解できるようになるのでしょうか。どうすればきちんと考えた上で、説得力のある意見を持つことができるのでしょうか。

そのための実践法は次のＬｅｓｓｏｎ以降、くわしく紹介していきますが、その前にまず、きちんと考えるための基盤である、クリティカル・シンキングについてお話ししておきます。

情報や意見・主張の是非を吟味し、よりよい「答え」を模索するのが**クリティカル・シンキング**（critical thinking）です。少し難しそうに聞こえるかもしれませんが、簡単に言うと、「他人に流されずに、自分でじっくりと考えるための思考法」です。

日本語では時々「批判的思考」と訳されることも手伝って、クリティカル・シンキングは相手を批判して自分の主張を通すためのスキルのように誤解されることがありますが、critical thinking の critical は「批判（非難）する」という意味ではなく、「物事の是非を慎重に判断する」という意味です。

「慎重に判断する」対象となるのは、情報や他人の意見・主張だけではありません。自分の意見・主張も「じっくり考える」対象になるところが、クリティカル・シンキングの最大の魅力だと私は思っています（なお、クリティカル・シンキング全般の解説書としては、道田泰司・宮元博章著『クリティカル進化論』（北大路書房）がお勧めです）。

さて、クリティカル・シンキングで重要視されるのが、「根拠」です。意見や主張には必ず根拠がなくてはならない、という大前提があります。意見や主張は、「よい」根拠がなければなんの説得力もないのです。

クリティカル・シンキングで留学先を決定する

では、クリティカル・シンキングの実際のプロセスを、「自分の主張」を例にとって簡単に説明してみます。

たとえば、そろそろ留学しようかな、とあなたが考えていたとします。同じ部署には昨年アメリカのA大学でMBAを取ってきた優秀な先輩、スズキさんがいます。そこでスズキさんに話を聞きにいくと「A大学はすごくいいよ。MBAを取るコースも充実してる」と言われました。あなたは「自分もA大学に留学しよう」と心に決め、準備をはじめます。

クリティカル・シンキング的に言うと、「自分もA大学に留学しよう」が「主張」にあたる部分です。その根拠は何かと言うと、「A大学はすごくいい、とスズキさんが言っていたから」と「A大学に留学したスズキさんは留学後、出世しているから」です。

ここで考えなければいけないのは、

①根拠として述べられている内容は「正しい」のか

②根拠が根拠になっているのか

という2つの問題です。

調べてみるとスズキさんが言う通り、A大学はMBAコースに関しても「すごくいい」大学のようだし、「スズキさんは留学後、出世している」ことも事実なので、①の問題はクリア、です。

スズキさんの「A大学はすごくいい」は根拠として正しいのか

②はどうでしょうか。「A大学はすごくいい」と言うスズキさんの経験談は、そのまま、「自分もA大学に留学する」ための根拠となっているでしょうか。スズキさんにとって「す

ごくいい」大学は、あなたにとっても「すごくいい」大学になると言い切れますか。

答えはノーです。一経験者の話がそのまま別の人の「根拠」となるか、と言うと、ほとんどの場合、そうはならないのです。だって、スズキさんと「あなた」は能力も性格も境遇も違う、まったく別の存在ですから。さらに、スズキさんが留学後出世しているのは「留学したから」なのか、についても考える必要があります。もしかしたら、スズキさんはもともと優秀で、留学しなくても今のポストにいたかもしれない……と考えるわけです（次ページ**図1－2**）。

視点を増やして「反対の主張」を考える

クリティカル・シンキングでは、**「視点の多さ」**も重要です。視点が多いほうが、物事の全貌をよりよく理解できるからです。

これについても、先ほどの留学のケースを例に考えてみます。

視点を増やすためのいちばん手っ取り早い方法は、**「もともとの主張とは反対の主張」**をしてみることです。つまり、もともとの主張は「A大学に留学しよう」ですから、「A大学に留学しない」と主張してみます。

図1-2 クリティカル・シンキングで留学先を決定する

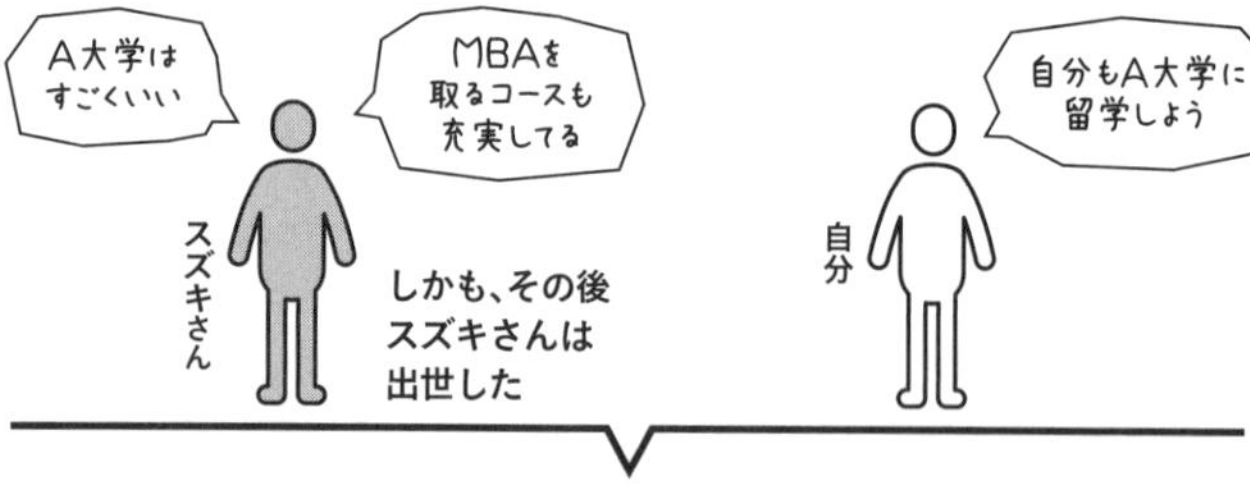

根拠　スズキさんが言う通り、いい大学のようだ
スズキさんは、出世している

Check Point!

☑1 根拠で述べられている内容は「正しい」のか
→ 調べてみると本当によさそう　○
→ 実際に出世している　○

☑2 根拠が根拠になっているのか
→ スズキさんの感想は、自分に当てはまるのか？
→ スズキさんが出世したのは、留学したからなのか？

さて、主張には根拠が必要ですから、この反対の主張にも、根拠が必要です（次ページ図1－3）。

たとえば、「A大学に留学すると、少なくとも2年間は現場から離れることになる。今、2年も現場から離れることは自分にとってはマイナスだ」とか、「A大学は費用がかかり過ぎる」など、考えられる限りの根拠をすべて出していきます。このようにして、もとの主張と反対の主張とを、それぞれ根拠を含めて検討し、さらには、思い込みはないか（たとえば「留学してMBAを取れば絶対に出世できるはずだ」）、他に考えるべき点はないか（たとえば「ビジネススキルを伸ばしたいのであれば、留学以外に方法はないか」）なども じっくりと考えます。その上で、もともとの「自分もA大学に留学しよう」という主張が本当に「よい」ものかどうか、という答えを出していくのです。

「なんとなく」でない考えができると、自分に自信が持てる

「なんとなく」考えるのではなく、**「自分はこういう根拠があるからこそ、こう考えるのだ」という風に根拠を意識すれば、自分の考えを持ち、自分自身に自信を持つこともできます。**

図 1-3　反対の主張を考える

元々の主張

A大学に
留学しよう

根拠
・スズキさんが言う通り、いい大学のようだ
・スズキさんは、出世している

反対の主張

A大学に
留学するのは
やめよう

根拠
・A大学に留学すると、少なくとも２年間は現場から離れることになる。今、２年も現場から離れることは自分にとってはマイナスだ
・A大学は費用がかかり過ぎる

Check Point!

☐ 両者を見比べる、たとえば……
・思い込みはない？
→ＭＢＡを取れば、絶対に出世できる？
・他に考慮すべきことはないか
→留学以外に方法はない？

たとえば、「スズキさんがA大学はいい大学だと言ったから」、「スズキさんは留学後出世しているから」という根拠だけで、あなたがA大学に実際に留学したとします。ところが行ってみたら、授業はおもしろくないし、何も身につかない。あーあ、スズキさんの話に飛びついて、よく考えなかった自分が浅はかだった、そもそも自分はスズキさんみたいに優秀じゃないし……と落ち込むかもしれません。

でも、じっくりきちんと考えた上で「やはりA大学に行こう」と決めて実行したのであれば、「あれだけ考えて自分で決めたことだもの、ダメでも割り切れる」、あるいは「せっかく自分で決めたことだ、もう少しがんばってみよう」とプラスに思える可能性が高くなると思うのです。

「根拠」のある意見が説得力を持つ

「何か質問しても、日本人はイエス・ノーばかりで根拠を言わない」、「根拠を言ってくれないから、よくわからない」とボヤく欧米人は少なくありません。日本人の1人として弁明しますと、私たちだって根拠をまったく言っていないわけではないのです。

では、なぜ欧米人が「日本人は根拠を言わない」と言うのかというと、彼らの基準からすれば、日本人は根拠を口に出すことが非常に少ないから、ということのようです。根拠を口に出す頻度、根拠に対する姿勢が欧米人と日本人とでは違うのだと思います（このＬｅｓｓｏｎの冒頭の「授業風景」で、子どもたちが意見に「根拠」を添えていたことに、お気づきでしょうか）。

私が今までいちばんびっくりしたのは、「餃子を食べる根拠」です。

アメリカ人の友人から「夕飯に何を食べたい？」と尋ねられたので「餃子」と答えたところ、「なんで？」。「餃子を食べたいことに理由も何もあるもんですか」、とそのときはあきれましたが、気がついてみれば、欧米人、特にアメリカ人は、どんなことにも根拠を聞くし、言ってきます。交渉や会議などの場だけでなく、毎日のおしゃべりまで「根拠」です。「そんなの疲れちゃうよ」と思うかもしれませんが、彼らにしてみれば、それが当り前のことになっているのですね。

どちらのコミュニケーション・スタイルが好みか、という問題はさておき、**日本語式コミュニケーション（根拠なし）と英語式コミュニケーション（根拠あり）とでは、英語式のほうが、より説得力があることは明らかです**。クリティカル・シンキングに照らし合わせてみても、根拠をきちんと述べることが、説得力のある意見を持つための第一歩であることがわかります。

日本人に、根拠を言う／意識するという習慣があまりないのであれば、根拠を考えるクセ、つまり「根拠力」をつけてしまえばいいのです。根拠に限らず、「考える」という行為はクセのようなものです。クセにしておくからこそ、いざというときに考えることができるようになるし、根拠もスルッと口から出てくるようになるのです。

根拠力をつける
エクササイズ

次に紹介するのは、誰にも気づかれずにひっそりと、しかし確実に根拠力をつけることのできるエクササイズです。職場やプライベートなどの色々なシーンで試してみてください。筆記用具すら不要の、お手軽エクササイズです。こんな簡単なこと！　と思うかもしれませんが、継続すれば、必ず効果が出ますよ。

Exercise 1
初級編

自問して、根拠を考える

毎日の生活で何かを選択するときに、**「なぜそれを選択するのか」**を自問します（34ページ**図1－4**）。その根拠は口に出さずに、自分の中に留めておくだけで十分。根拠は「なんとなく……」でさえなければ、どんなものでもOKです。

〈例〉【朝、出かける前に】［自問］なぜこのシャツを着るの？ ⇩ ［根拠］このシャツにしかアイロンがかかっていないから（あるいは、お気に入りだから、など）

【コーヒー店で】［自問］なぜアイスコーヒーにするの？ ⇩ ［根拠］暑いから（あるいは、アイスコーヒーのクーポンがあるから、など）

〈ポイント〉 これは自分1人の頭の中で黙々と続けるエクササイズなので、根拠を考える際には誰かを説得しようとか、かっこつけようとか、一切考える必要はありません。とにかく「根拠を考える」ということを習慣化することがねらいです。

Exercise 2 中級編

比較しながら、なぜ、選択したのかを自問する

初級編に慣れてきたら、少しハードルを上げてみましょう。何かを選択するときに、「なぜBではなくAを選択するのか」と、比較しながら自問し、根拠を考えます（根拠は口に出しません）。

〈例〉【朝、出かける前に】［自問］なぜネクタイBじゃなくてネクタイAをするの？ ⇩ ［根拠］ネクタイBのほうが個人的には好きだけど、この間、ネクタイAを女子社員がほめてくれたから、など

【ランチ時に】［自問］なぜランチBじゃなくてランチA？ ⇩ ［根拠］Bは安いけ

図1-4 自問して、根拠を考えるエクササイズ

ランチ時

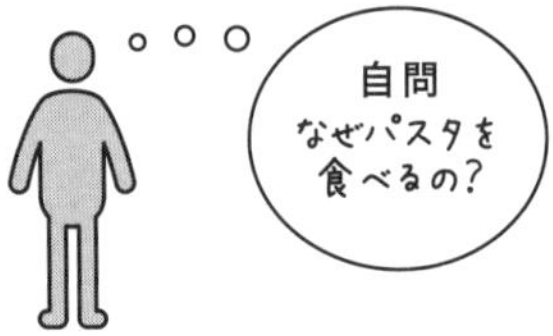
自問
なぜパスタを
食べるの？

根拠　昨日テレビでパスタ特集を見たから（あるいは、この間イタリア人っぽい人がこのパスタを食べていておいしそうだったから）

休みの日に

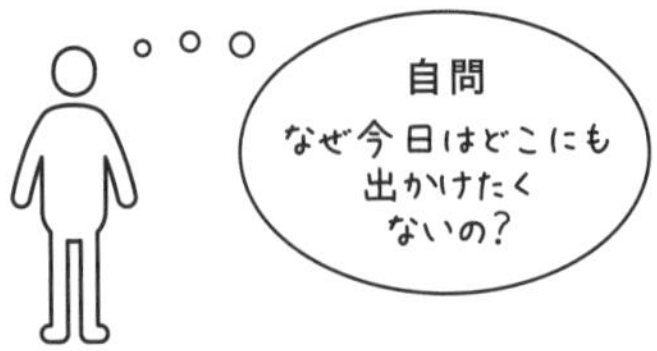
自問
なぜ今日はどこにも
出かけたく
ないの？

根拠　疲れているから
（あるいは、雨が降っているから、など）

れど、野菜がほとんどない。Aは高めだけれど、野菜がたくさんとれそう、など

〈ポイント〉「なぜAを選択するのか」とAだけにポイントを絞って根拠を考えるよりも、「なぜBではなくAを選択するのか」と比較して考えたほうが、Aを選択するという ことの根拠が、さらに深く、説得力のあるものになります。

たとえば、今度買う車の色について、「黒」を選択する場合、「なぜ黒なのか」という質問だけだと、たいてい、「黒」に関する根拠(たとえば「黒が好きだから」)しか出てきません。ところが、「なぜ、今乗っている白ではなく、黒なのか」と比較してみると、「黒が好きだから」に加えて、たとえば「白はすぐ色が焼けてしまうし、白は黒よりも暗い道路で目立ちやすいから安全だと聞いていたけれど、黒だから安全性が低い、というわけではなさそうだ」などと、「黒である必然性」が明らかになります。**「比較」が人間の考えを深めてくれる、というのは、考え抜く力の常識でもあります。**

Exercise 3 上級編

ビジネスシーンで根拠を考える

中級編に慣れたら、ビジネスシーンでの根拠を考えてみましょう。

仕事で何かを選択するときに、「なぜAなのか」と自問し、根拠を考えます(根拠は口に出しません)。慣れてきたら、「なぜBではなくAを選択するのか」も考えてみてくださ

い。

〈例〉【仕事の段取りを決めるときに】【自問】なぜA→B→Cという順序で仕事をこなすのか？ ⇩ 【根拠】Aのしめ切りがいちばん早いから、など

【同僚に企画の相談をされたときに】【自問】なぜ企画Aに賛成？ ⇩ 【根拠】Aは今のニーズに合っていると思うから、など

〈ポイント〉初級・中級編とは違って、ここでは、なるべく説得力のある根拠を考えてみてください。上司を説得するという想定で根拠を考えてみるといいですよ。ただし、仕事のあらゆる場面で上級編を実行すると疲れてしまうので、たとえば1日1回のペースで続けていく、というぐらいがいいと思います。

まとめ	自分の意見を作る基本

□**自分の意見の作り方3ステップ**

①自分は何を、どのくらい理解しているのか確認する

②疑問に思うこと、知りたいことを調べる

③意見を持つ

□**根拠を意識する**

Lesson

2

理解を深める

――「事実らしきもの」を前に考えをとめない

Lesson 2

「理解したつもり」にならないための授業

先生　「今日はみんなに、ある小説の一節を読んでもらいます。
ある少年の冒険についてのお話です。小説は今までにも読んだこと、あるよね？」

生徒たち　「ありまーす！」

先生　「今日は、今までとはちょっと違う読み方をします。
机の上に緑、黄色、ピンクのマーカーが置いてあるでしょう？」

生徒　「これで線を引くの？」

先生　「そう。小説を読みながら、この3色のマーカーで色々なところに線を引くの。
線の引き方にはルールがあるのでよく聞いてね。
まず、緑は『なるほど！　よくわかるな』と思ったところに線を引くのに使います。
黄色は『言っている意味がちょっとよくわからないな』とか、
『ちょっと調べたり考えたりしたほうがよさそう』というところに使って、
ピンク色は『全然わからない』と思ったところに使います」

生徒　「緑と黄色とピンクってなんだか、信号みたいだね」

先生　「よく気づいたね！　実は、この3色は信号の色をイメージしているの。
緑は『よくわかるからそのまま進んでOK』、
黄色は『ちょっと止まって考えたほうがよさそう』、
ピンクは『どうしてもわからないからストップ』っていうことね」

生徒　「そうだと思ったぁ」

先生　「急がずゆっくり読んでね。
読みながら『自分はここの箇所をちゃんとわかってるかな』とか、
『ちょっと考えたり調べたりしたほうがいいかな』とか、
自分にていねいに聞いてあげること。
正直に色分けすることが大事だよ。
緑の線が多いほうがいいとか、黄色やピンクが多い人が
偉いとかいうことはないから。
それぞれの文章をどれだけ理解しているか、
自分でちゃんと知る、それが大事なの。
じゃあ、各自、線を引きながら読んでみようか」

「わかったつもり」から よい意見は 生まれない

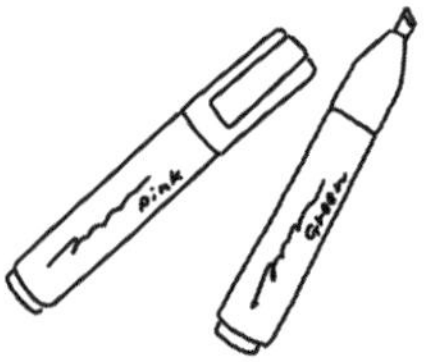

前ページの「ある教室でのやりとり」は、Lesson1に引き続き、欧米の小学校での授業風景をイメージしたものです（信号色のマーカーを使った「色分け法」は、考える力教育のための教師マニュアルである、Ron Ritchhart 他著 ***Making Thinking Visible*** にて紹介されていたものをベースとしています）。

ここで子どもたちは、小説の1文1文をちゃんと理解しているかどうか、確認しながら読むように、と指導を受けています。

自分の理解度をチェックしながら文章を読む、ということは「考え抜いて、きちんとした意見を持つ」ための大事な訓練です。

目の前にある文章を理解できているかどうか、きちんとチェックしておかないと、うっかり「理解したつもり」になることがあります。そして、「理解したつもり」からはよい意見など生まれるわけがないのです。

「わかってるフリ」で、信頼を失う人たち

社員　「課長、『聞くだけで英語力がアップする音声商品』の企画があるんですが、これ、すごいです。今までの教材とは違って、効果抜群ですよ」

課長　「ほお。どうすごいんだ？」

社員　「いや、すごいんですよ。聞くだけで、英語力が飛躍的にアップするんですよ」

課長　「それはもう聞いたよ。しかしねぇ、聞くだけで英語力がつく教材なんて、別に新しくもないじゃないか」

社員　「あ、いえ、でもですね、効果の出方が従来のものとは違うと言いますか……」

課長　「どう違うの？　従来のものの『効果』ってどんなものだったわけ？」

社員　「えっ、あのぉ、それは、くわしい数字などはわかっていないのですが……」

課長　「なんだ、君、本当はよくわかってないのに僕にその話をしに来たのか？　困るなぁ、そんなんじゃ」

「理解しているフリ」をしても、会話が突っ込んだものになれば、化けの皮は剥がれてい

きます。ロクなことはありません。

ほかにも、報告書や提案書などのビジネス文書。なんとなくわかった気になって、スルーしていませんか。それをしっかり見直してみることで、今まで気づかずにいた問題点が見えたり、なんらかのブレークスルーにつながったりするかもしれません。また、あとから「あのとき、○○って書いていたじゃないですか」、「え？　そんなつもりで書いたのではありませんよ」などという行き違いを減らしたりすることもできます。

しかし、前のＬｅｓｓｏｎでもお話ししたように、日本人は「理解しているフリ」を無意識のうちに演じていることが多いと思います。自分は相手の言っていることをどれだけ理解しているのか、また、相手は自分の言っていることを理解してくれているのか、ということをあえて確認しない傾向があるからです。理解を深めるという作業が「当り前のこと」とはなっていない、ということですね。

理解を深めるための４つの手順

では、「理解を深める」ためには何をどうすればいいのか、という実践方法を、４つの手順を踏んで紹介していきます。

その手順とは、

1．情報を本当に理解できているかどうかチェックする
2．理解できていないことは何か、きちんと挙げてみる
3．「理解できていないこと」をなくすための、効果的な質問を考えてみる
4．実際に質問するクセをつける

です。

Lesson1で「自分の意見の作り方3ステップ」を紹介しましたが、この4つの手順のうち、手順1が「意見の作り方」のステップ①にあたり、手順2から4までがステップ②にあたります。

「本当に理解できているのか？」をチェックする7つの方法

Tip 1 5歳児に説明するつもりで話してみる

まずは手順1の、情報を本当に理解できているかどうかをチェックするための方法です。

理解を深めるための敵とも言えるのが、「理解しているつもり」です。理解を深めたいのなら、自分は本当にそのことを理解しているのか、謙虚に自分に問いただす必要があります。

そこで、「5歳児に説明してみる」というシミュレーションをやってみます。

やることは、「情報を、5歳児にもわかるように説明してみる」。それだけです。5歳児にわかるように説明するためには、簡単な言葉で説明しなければなりません。「平易な言葉で説明できなければ、十分に理解しているとは言えない」と言ったのは現代物理学の父・アインシュタインですが、まさにその通りなのです。

さて、たとえばあなたの後輩が、聞き流すだけで英語力が飛躍的にアップするという音声商品を企画していたとします。後輩に「この企画、どう思いますか」と意見を求められたあなたは、「自分がこの企画のことをきちんと理解できているのか」をチェックしなければなりません。

そこで、5歳児にこの企画を説明するとしたら……とシミュレーションしてみます。

あなた　「このCDには歌じゃなくて英語が入ってるんだ。英語がうまくなりたいって思っている人はいっぱいいるんだけど、このCDはすごいんだよ、聞いているだけで英語がペラペラになっちゃうんだ……」

5歳児　「へえー。ねえ、なんでうまくなりたいの？　ぺらぺらってどういうこと？　紙がぺらぺらしたのとは違うよね」

あなた　「えっとお、そうだよねえ……」（あれ、そもそも英語ってなんのために勉強するんだっけ？　この商品は、英語が『ペラペラ』になるためのものなんだっけ？　ヒアリング力をつけるものだったかな？　そもそもヒアリング力がつけば

（英語ってペラペラになるのかな）

こうつまずいてしまったとしたら、それは、この商品のことをきちんと理解できていない証拠ですよね。

5歳児に説明するという想定は、他人の意見や情報だけでなく、自分の意見をちゃんと理解できているかどうか、をチェックするときにも使えます。

たとえば、「今、我々は地歩固めをしなければいけないから、グローバルな人材よりも、ローカルに動ける人間が必要だ」という意見があるとします。この場合、「グローバル」、「ローカルに動ける」の意味を子どもにちゃんと説明できるだろうか、と自問すれば、自分はこれらの言葉を本当にわかって使っているのかどうかが、見えてきます。何やら難しい言葉を使って自分をごまかしていないか、自分自身にじっくりと聞いてあげるのです。

自分がよく理解していないものを他人に説明しても、他人は理解してくれません。他人を説得できるような意見を持つためには、まずは自分自身が、自分の意見を「理解できているかどうか」をチェックしておく必要があるのです。

Tip 2 カタカナ語を掘り下げる

情報を「きちんと理解する」にあたっては、普段何気なく使っているカタカナ語や業界用語にも注意が必要です。

たとえば、「パラダイム」や「コンプライアンス」といった言葉の実体を本当に理解していますか。また、たとえば、「日本人はコミュニケーション力をもっとつける必要がある」とテレビで評論家が言っているのを聞いて、「その通りだ」とあなたが納得したとします。しかし、ここで使われている「コミュニケーション」の実体を、「あなた」は5歳児に説明できるのでしょうか。

そもそも言葉というものは、誰が、いつ、どのような場面で、誰に向かってどのように発するのか——つまり、文脈によって意味が決まるものです。そのような「言葉たち」が人の考えや意見を形作っているのですから、自分の目の前にある「言葉」の意味について、日頃からきちんと意識するクセをつけておく必要があります。

Tip 3 英語に訳してみる

「理解しているつもり」をチェックするもう1つの方法は、英語（などの外国語）に訳してみることです。

たとえば、「弊社は、もっと顧客に寄り添うサービスを提供しなければ」と上司が言ったのを聞いて、あなたは納得したとします。

でも、「顧客に寄り添うサービス」ってなんでしょうか。

そこで、こっそり英訳してみます。「顧客に寄り添う」という部分を文字通りに訳すとstay by our customers などとなりますが、英和辞典などで stay by を引き直してみると、「物理的にそばにいる」、「付き添う」という意味だとわかります。

しかし、上司が言っていたのは、顧客に文字通り付き添ってあげるサービス、ではないはずです。では、**「顧客に寄り添うサービス」の実体はなんでしょうか**。修理サービスを24時間態勢にすること？　顧客の声をもっとサービスに反映させること？　でもどうやって？　英訳することによって、見えていなかった「穴」が見えてくるのです。

Tip 4 理解できていないことを知るための「理解度チェックシート」

自分の理解度をチェックする方法がわかったところで、次は「理解できていないことは何か、きちんと挙げてみる」の実践方法に移りましょう。
51ページ**図2－1**の**「理解度チェックシート」**は、Lesson1の冒頭に登場した「ある教室でのやりとり」で子どもたちがやっていたこと（「リーダーについてわかっていることと」を書き出し、続けて「リーダーについて疑問に思うこと、もっと知りたいこと」を挙げる）と基本的には同じです。

「理解していること」と「理解できていないこと」をそれぞれ挙げて、リストを作ります。ワープロソフトでも簡単に作れますが、面倒であれば、裏紙を縦半分に折って書き込むだけでもかまいません。

左側には「検討対象となっている情報や意見について、すでに理解していること」を書き、右側には「検討対象となっている情報や意見について、まだ理解できていないこと、疑問に思うこと」をリストアップしていきます。

ここで**大事なのは、すべて書き出すということです**。頭の中であれこれいじくり回していたことも、書き出してみると「なーんだ、そんなことだったのか」とあっさり解決してしまうことが多いものです。手書きでもコンピュータ上でもかまいません。考え抜くときは、どんどん書き出してみましょう。

ここでもまた、「聞き流すだけで英語力が飛躍的にアップするという、音声商品の企画」について考えてみます。

まずは、自分がすでに理解できていることは何かを、左側の「理解していること」の欄にリストアップしていきます。まだ理解できていないことは何か、をきちんと把握するためにはまず「すでに理解できていることは何か」を知る必要があります。というわけで、理解度チェックシートは必ず左の欄から作るようにしてください。

次に右側の「理解できていないことリスト」に移ります。すぐに「理解できていないこと」、あるいは「疑問に思うこと」が浮かばない場合は、**左側の「理解していることリスト」に「それ、本当に正しいの？」などと、自分でツッコミを入れてみる**のが効果的です。

Tip 5 5W1Hでツッコミを入れる

いちばん手っ取り早くツッコミを入れる方法は、**5W1H**にきちんと答えられるか、と自問することです。Who（誰が）、What（何を）、When（いつ）、Where（どこで）、Why（なぜ）、How（どのように）、という問いに答えられるか、ということですね。ビジネスの場合はこれに、**to Whom（誰に向けて）**、**How much（いくらで）**などを加えて、色々なバリエーションを作るとよいでしょう。

ここで再び、「理解度チェックシート」をご覧ください。左側の「理解していること」の欄を見る限り、「誰が」、「何を」、「いつ」、「誰に向けて」、「いくらで」には答えが出ていますが、**「なぜ」**、**「どこで」**、**「どのように」**についてはまだ不明です。そこで、右側の「理

図2-1 「理解度チェックシート」（記入例）

理解していること		理解できていないこと
CD商品（全3枚、テキストつき、価格7,500円）		何のためにこの商品を出すのか？
英語教育商品		店頭？ オンライン販売？ 両方？
効果：聞くだけでヒアリング力・文法力・ボキャブラリー力がつく	ツッコミ ←	本当にこの力が全部身につくの？
著者：NHK 英語講座に出演していたT大学准教授	ツッコミ ←	この人であることの必然性は？
ターゲット：25～45歳のビジネスパーソン		X社の人気商品との差別化は？
販売スタート：来年春		なぜ、今さら英語教育業界に参入？
		日本人に英語力って本当に必要？

解できていないこと」のところに「なんのためにこの商品を出すのか」、「店頭で売るのか、オンラインで売るのか、それとも両方？」などと書き入れます。

このように、「理解できていないこと」や「疑問に思うこと」は、質問形にして書き出しておくと、あとで質問をするときにも便利です。

５Ｗ１Ｈ（またはそのバリエーション）について疑問点を洗い出したら、次は、左側に書かれていることをいちいち疑ってみます。左側には「聞くだけでヒアリング力、文法力、ボキャブラリー力がつく」とありますが、「本当にこの力が全部身につくの？」と疑ってみます。

左側に書いてあることとの必然性を疑ってみる、というのも効果的です。たとえば、「著者はＮＨＫの英語講座に出演していた、Ｔ大学の准教授」とありますが、この人でなければいけないの？　と疑問視します。

そして最後に、左側の欄とは関係なく、もしも自分が漠然と疑問に思っていることがあったら、書き足します。右欄の下のほうにある「Ｘ社の人気商品との差別化は？」がこれですね。Ｘ社の人気商品のサイトを見てみると、「無料で２週間視聴でき、効果が実感できなければ返品可能」とあります。このようなサービスについてもどう差別化するのか、確認する必要があります。さらに、なぜ今さら英語教育業界に参入するのか、日本人に英語力は本当に必要なのかなど、気になることはとにかくすべて書き出しておきます。

このような「漠然とした疑問」は、好奇心が勝負です。**「まったくの好奇心から聞いてみたい」、「自分がもっと知りたいと思っていることはなんだろう」**といった観点から考えると、質問事項が出てきやすいですよ。

Tip 6 「信号色のマーカー」で、吟味する

先ほどの「理解度チェックシート」は、耳から聞いた情報や情報源が複数あるものについて「理解できているかどうか」と考えるときに特に効果がありますが、一方で、情報がある程度まとまった形で文書として与えられている場合もあります。

そういうときは「ある教室でのやりとり」（38ページ）にも登場した、信号色のマーカーによる色分けが効果的です。

基本的な進め方は、「ある教室でのやりとり」で先生が言っていた通りです。以下、ビジネスパーソン向けにアレンジしたものを、例を交えながら紹介します。

たとえば、「我が社は、女性をもっと雇用すべきだ」という提案レポートがあったとします。読んでみると、「少子高齢化に伴って、日本では労働人口がますます減っていく。今までのやり方では我が社の人材力も低下していってしまう。そのような状況を食い止め

るためには、女性がもっと働きやすい職場環境を作らなければならない。育児や介護などで一時期職場を去ったあとも職場復帰しやすいような、環境整備が急務だ。たとえば、社内に託児所を設ける、在宅勤務の態勢を充実させる――」とあります。

ここで、緑・黄色・ピンクの3色のマーカーを出します。手元になければ、青・黒・赤のボールペンや色鉛筆でもかまいません。

いずれにしても、この3色を使って、目の前にある文書に線を引いていきます。**「100%理解できていること」には緑（青）の線**を、**「なんとなく理解できるけど100%は理解できていないので、調べたほうがよさそうなこと」には黄（黒）の線**を、そして、**「これはどうしても理解できないぞ、要再検討と思うこと」にはピンク（赤）**の線を引いていきます。

こうして、自分が理解できていること、腑《ふ》に落ちていないこと、を確認していきます。

自分に正直に線を引く

皆さんは、先ほどの文書の、どこに何色の線を引きますか。「少子高齢化に伴って、日本では労働人口がますます減っていく」は緑（青）でよさそうです。「そのような状況を

図 2-2 線の引き方例

・少子高齢化に伴って、日本では労働人口がますます減っていく。
※緑色の線を引く

・今までのやり方では我が社の人材力も低下していってしまう。
※黄色の線
→ **今までのやり方って何を指してる？**

・そのような状況を食い止めるためには、女性がもっと働きやすい職場環境を作らなければならない。
※ピンク色の線
→ **もっとやるべきことがあるのでは？**

・育児や介護などで一時期職場を去ったあとも職場復帰しやすいような、環境整備が急務だ。たとえば、社内に託児所を設ける、在宅勤務の態勢を充実させる。
※黄色の線
→ **それだけでもっと働けるようになるのかな？**

食い止めるためには、女性がもっと働きやすい職場環境を作らなければならない」については、もしも「そのような状況を食い止めたいのなら、女性にやさしい職場作りの前に、もっとやらなければならないことがあるはずだ」と思えばピンク（赤）線を引けばいいですし、「たしかにそうだな」と思えば緑（青）を引きます。あるいは「女性にやさしい職場を作ることって、本当にうちの会社にできるの？」と疑問視するのであれば黄（黒）、などとします（55ページ**図2－2**）。

ここでのポイントは、**自分に正直になる**ことです。考え抜くことに「正解」はありません。また、これはプライベートな作業なので、誰かに読まれることを想定してかっこつける必要もないのです。自分の頭で考えて「これはＯＫ」、「これはちょっと待てよ」というものに、正直に色をつけていってください。

黄色やピンクで線引きをしたことによって見えてきた「調べるべきこと」や疑問点は、線を引いた箇所のそばに書き込んでおいたり、別の紙に書き出しておいて、その後、質問する機会が来たときに役立てましょう。

「スルー」せずに理解すれば、軽率な判断がなくなる

このマーカー色分け法のいいところは、読みながら「ふん、ふん」とスルーしてしまい

そうなことを、今一度「本当にスルーしちゃっていいの?」と自分に問い直すことができる、というところです。また、「なんかしっくり来ないな」と感じている文書に対しては、どこがどうしっくり来ていないのか、が具体的にわかるようになります。

さらに言うと、ある文書を読んで強烈に反対したくなる場合にも、逆にモロ手をあげて賛成したくなる場合にも、このマーカー色分け法は有効です。急いで結論に走りたくなるときこそ、マーカーで色分けしながら文書をもう一度じっくり読むのです。そうすれば、何に対して反対(または賛成)したいと思っているのか、が明らかになります。

「意見」を言う前に色分けしながらじっくり文書と向き合えば、**軽率に「反対(あるいは賛成)」などと言ってしまって、自分の評価を下げるようなことも少なくなります。**リストや色分けによって疑問点が明らかになれば、あとは疑問点をなくすべくリサーチをし、質問するのみ、です。

Tip 7 急に意見を求められたら「よい質問」をする

「自分の理解をじっくりと深められる時間があるときは、リストを作ったりマーカーで色分けしたりすればいいだろうけど、会議なんかで急に意見を求められたときはどうすればいいんだ？」と疑問を持った方もいることと思います。

結論を先に言いますと、そういう場合は、こちらから「よい質問」をして理解を一気に深めてしまえばいいのです。

Ｌｅｓｓｏｎ１でお話ししたように、日本人は自ら多くを語るということを、あまりしない傾向があります。そのような日本人を相手に物事の本質と全貌を理解しようと思ったら、こちらから積極的に質問するしかないのです。「本質は歩いて来ない、だから歩いてゆくんだね」ということです。

たとえば、あなたが出席している社内の会議で「週に１日は、通常の業務を休んで各自、『こんなプロジェクトをやってみたい』という、夢のプロジェクトに着手してみてはどうか」という意見が出て、ぼんやりと聞いていたら「君、どう思う？」と意見を求められたとします。

さて、ここでしなければいけないのは「賛成」（あるいは「反対」、「わからない」）などの意見を言うことではありません。意見を言うためには、意見の対象になっているものをきちんと理解しておかなければいけないのですから。とはいえ、「お返事は、じっくり考えた上で１週間後にいたします」というわけにはいきません。唯一できることは、この意見を提案した人に「よい質問」をして、理解をぐっと深めることです。

よい質問をするための12か条

「よい質問」をするにはまず、自分が理解できていないことは何か、を把握している必要があります。これは、日頃から（たとえば、ニュースなどを見ながら）、「理解できていないことは何か」と意識するクセをつけておくと、比較的簡単にできるようになります。

「よい質問」のポイントは12か条ありますが（60ページ**図2−3**）、以下では順にこれをご紹介していきます。咄嗟に意見を言わなければいけないときにも、また、「理解できていないことリスト」や色分けマーカー法で洗い出した質問を拡充させるためにも、重宝すると思います。

①「いつ、どこで、誰が、何を、どのように」

新聞記者は、「いつ、どこで、誰が、何を、どのように（した）」という5要素（4W1H）を、記事の冒頭にすべて入れるよう、教え込まれるそうです。つまり、この5要素は「情報の基本」なのです。自分が検討すべき「情報」はこの5要素をクリアしているのか、をまずは考えます。

「週に1日は通常の業務を休んで各自、夢のプロジェクトに着手してみてはどうか」とい

図2-3 「よい質問」のポイント、12か条

①「いつ、どこで、誰が、何を、どのように」

②「なんのために？」、「なぜそう言えるの？」

③ 情報にツッコミを入れる

④ 必然性を問う

⑤ データなどの正当性・妥当性を問う

⑥ あいまいな言葉をチェックする

⑦ 似て非なるものを引き合いに出す

⑧ 物事の両面を確認する

⑨ きっかけ・起源について尋ねる

⑩ なぜ「今」なのか、を問う

⑪ 長期的な展望について聞く

⑫ インタビュワーになったつもりで、背景を尋ねる

う文言の中には、4W1Hの5要素がすべてありますか。わかっているのは「いつ（週に1日）」、「誰が（社員）」、「何を（通常業務とは違う、夢のプロジェクトに着手する）」の3つのみです。「どこで」については「社内だけ」なのか「社外もあり得る」のか、わかりませんし、「いつから」スタートするのかもわかりません。実際どうやって管理するのか（＝「どのように」）、もわかりません。ですから、まずはここを質問します。

②「なんのために？」、「なぜそう言えるの？」

もう1つのWであるWhy（なぜ）も重要です。「なぜ」には2種類の問いがあります。

1つめは、目的を尋ねる「なぜ」です。「週1回そのような日を設けることの目的はなんですか」という感じですね。

2つめの「なぜ」は「なぜそう言えるのか」という、根拠を尋ねる「なぜ」です。たとえば、「週1回そのような日を設けることの目的はなんですか」に対する答えが、「社員の中に眠っているすばらしいアイデアを、自由な雰囲気の中から引き出すため」だったとします。そこで「なぜそう言えるのか」を質問します。

たとえば、「週1日そのような日を設けることによって、社員の中に眠っているすばらしいアイデアが引き出せる、となぜ言えるのですか。従来の企画会議ではそのようなアイデアは出づらいのでしょうか」といった感じです。

③情報にツッコミを入れる

与えられている情報にツッコミを入れてみて、質問できそうならしてみます。たとえば「通常の業務を週1日休んで、ということですが、休めないほどしめ切りがせまっている場合は、どうすればいいのでしょうか」や「サボる人が出やしないでしょうか」など。

④必然性を問う

情報の「必然性」を問い直します。「わざわざ会社がそのような日を作る必要があるのですか」、「週1日ではなく、月1日でもいいのではないですか」など。

⑤データなどの正当性・妥当性を問う

「証拠」としてデータなどが引き合いに出されている場合は、そのデータの正当性を問うことも必要です。

たとえば「すばらしいアイデアは自由な雰囲気の中から生まれるもの」の根拠として、アメリカで同じようなことをして成功した企業のデータが出されたとします。その場合、そのデータの出典はどこか、また、その企業のデータがどれだけあなたの会社と関係があるのかという、データの妥当性も質問することができます。「アメリカの企業で成功したからと言って、それが我々の会社でも成功するはずだ、と言える根拠はなんですか」という具合ですね。

⑥あいまいな言葉をチェックする

「夢のプロジェクト」のイメージが今ひとつ湧かないようであれば「夢のプロジェクトというのは、具体的にはどんなイメージか、教えてくださいますか」と尋ねることもできます。

⑦似て非なるものを引き合いに出す

比較対象になるような「類似したケース」を知っているのであれば、それと比較して質問することもできます。「同じようなことをX社がやって、うまくいかなかったと聞いています。我が社の場合はうまくいく、とお考えになる理由はなんですか、教えてくださいますか」といった具合です。

⑧物事の両面を確認する

物事の「裏面」を確認することも大事です。物事には必ず表と裏、良い面と悪い面がありますから。たとえば「週1日そのような日を設けることのデメリットはなんですか」。

⑨きっかけ・起源について尋ねる

ときには「きっかけ」も大事です。

「そもそもどうしてこのようなことを考えついたのですか」ということですね。すると「自由な発想はどこから生まれてくるのか、ということを考えていたら、環境が大事だ、ということがわかったのです」という答えが返ってくるかもしれません。

きっかけや起源を尋ねてみると、その人の言っていることが思いつきに過ぎないのか、とか、何か思い入れがあるのかが見え、背景がわかりやすくなることも多いです。

⑩なぜ「今」なのか、を問う

なぜ「今」なのか（あるいは○年先なのか、など）、という点も大事です。たとえば、「なぜ、今、週に1日このようなことをする必要があるのですか」など。ビジネスでは、どんないいアイデアもタイムリーでなければ意味がありませんよね。

⑪長期的な展望について聞く

場合によっては、長期的な展望について尋ねることもできます。たとえば「週1回通常業務とは別のことをし続けると、長期的にはどのようなメリット・デメリットがあるのですか」など。

⑫インタビュワーになったつもりで、背景を尋ねる

時間と雰囲気が許すようであれば、インタビュワーになったつもりでさらに知りたいことを聞く、という手もあります。「自由な環境からよい発想が生まれる、ということを、どこかで実際に経験なさったのですか」など。

もちろん、ここに挙げたすべての質問事項を聞かなければいけない、ということはありません。ケース・バイ・ケースで、必要なことのみ聞けばＯＫです。

「キツい質問」こそ、本質への近道

「よい質問」の多くは**「相手が聞かれたくないと思っている質問」**、**「キツい質問」**です。

質問の例を見て、こんなキツいこと聞けないよ、と思った方もいるかもしれません。でも、考えてみてください。よい質問とは「理解を深め、物事の本質をとらえるための質問」です。そして、物事の本質をとらえるためには、あいまいな考えや態度に目をつぶるわけにはいきません。ときには、相手のあいまいさを指摘することも必要なのです。

指摘しないでそのままにしておけば、理解は深まっていきません。理解が深まらないということは、影響力のある意見を持てるようにもならない、ということですよね。ですから、勇気を出して質問してみましょう。

ある程度は、ものは言いよう、です。

質問する前に、まずは相手の意見を思いっきり肯定してあげてください。「なるほど、おもしろいですね」と（ウソではなく）肯定すべきところを見つけてほめると、多くの場合、相手もこちらの話を聞く態勢になってくれますから、よい（キツい）質問も、多少は受け入れやすくなると思います。また、「教えてもらえますか」という表現も、教えを乞うイメージがあるので、キツさの緩和に役立つかもしれません。

皆さんには、「よい質問をするのは、相手をやりこめるためではなく、相手の意見や情報についてもっときちんと知りたいからだ」という気持ちをぜひ持っていただきたいと思います。おもしろそう、でも全貌がわからないからもっと教えてほしい、という好奇心を、質問という形で相手に伝えるのです。そのように意識していれば、質問で使う表現も、おのずと「キツい」ものではなくなると思います。

理解を深めるために、気をつけておきたいこと
――目の前にあるのは「事実」、「意見」？

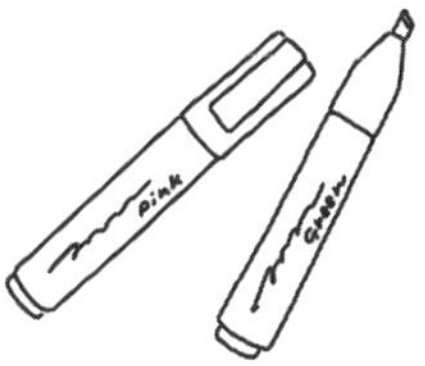

質問の仕方がわかったところで、1つ、大事な話をしておかなければなりません。

理解を深める際に気をつけなければいけない、「落とし穴」についてです。

クリティカル・シンキングの基本として必ずおさえなければいけないものの1つに、**「事実」と「意見」を区別する**、というものがあります。この2つを区別することは、いわば考え抜く力の大事な基本でもあります。

「事実」はなんらかの形で証拠を示せるもの（たとえば「地球は丸い」の証拠は、丸い地球の写真など）。

一方で、「意見」は私たちが考えたことで、人それぞれ違い得るもの（たとえば「地球はどの惑星よりも美しい」など）。

事実と意見は欧米人でも混同してしまうの

ですが、日本人は意見を言い慣れていない分、「目の前にあるのは意見かどうか」を見きわめることが感覚的に難しいようです。

「モリさん、結婚でやめちゃうんだって」は、意見なのか、事実なのか

さて、この2つを区別することがなぜ大事かと言うと、本当は「意見」なのに「事実」として扱ってしまうと、とんでもないことになりかねないからです。

「モリさん、結婚してやめちゃうんだって！」と同僚に言われ、モリさんに憧れていたあなたは大ショック。確かにモリさんの手には、婚約指輪らしきものが光っている……。

でも、この噂、事実でしょうか。「証拠」は「婚約指輪らしきもの」だけですよね。

特に注意してかからなければいけないのが、**専門家の発言**です。専門家が言っていることには説得力があるので、本当は「意見」なのに「事実」だと思い込んでしまうことがけっこうあります。

ここで再び、「聞き流すだけで英語力が飛躍的にアップするという、音声商品の企画」を例に考えてみます。あなたが、これを提案した後輩に「なぜこの音声商品が必要なの？」と尋ねたとします。すると後輩曰く「英語教育で有名なA氏が『ヒアリングさえできれば日本人の総合的英語力は確実にアップする』と言ってましてね」。

このような場合、「有名な専門家がそう言っているのなら、間違いない」とすんなりと納得してしまいがちですが、ここで注意しなければいけないのが「この専門家の発言は『事実』なのか、『意見』なのか」という問題です。

「事実」は証拠を示して証明できるもの、でしたね。

この専門家A氏の発言に証拠はあるでしょうか。

A氏の発言について後輩にもう一度尋ねてみると、そこにはあるデータがあることがわかりました。そのデータとは、「1万人を対象に、ヒアリング力が伸びる前と伸びたあとに、それぞれTOEICのテストを受けてもらった。すると、ヒアリング力が伸びたあとのスコアは、ヒアリング力が伸びる前のスコアよりも、平均30％も上がった」というものです。

しかし、この事実はA氏の発言の「証拠」と言えるでしょうか。

データをねつ造でもしていない限り、このデータは立派な事実です。

A氏の発言は、

「ヒアリングさえできれば日本人の総合的英語力は確実にアップする」

です。でも、データが言っているのは、

「ヒアリング力が伸びた人はTOEICスコアも上がった」

ということだけです。A氏は「TOEICスコアが上がったということは、すなわち、総合的な英語力が上がったということだ」という**「解釈」**をしたのです。つまり、A氏の発言は「事実」ではなく、**「データ（事実）をもとに解釈した一意見」**ということになります。

大事なのは、「誰が」言った意見なのか、ではなく、「何が」その意見で言われているか、です。専門家だろうと素人だろうと、根拠がしっかりしている意見なら正当と見なされます。

専門家A氏の発言を「正当な意見」として後輩の企画に賛同するか、「正当ではない意見」として反対するか。これは、A氏の「意見」の根拠に正当性があるかどうか、つまり、A氏の解釈は果たして正当なのかどうか、を検討した上で出すべき答えです。

「TOEICスコアが上がったということは、総合的な英語力が上がったということだ」という理屈が正当だと思えば「正当な意見」と言えばいいですし、「TOEICスコアが上がった、イコール、総合的な英語力が上がった、とはならない。TOEICは総合的な英語力を計る物差しとしては不十分なのだから」と思えば、「正当な意見ではない」と言えるのです（**図2-4**）。

目の前の「事実っぽいもの」に証拠はあるのか、ということを、日頃から意識しなければいけないのです。

図2-4 「事実」か「意見」かを区別する

英語教育で
有名なA氏

ヒアリングさえ
できれば日本人の
総合的英語力は
確実にアップする

↓

証拠となるデータ

1万人を対象に、ヒアリング力が伸びる前と伸びたあとにそれぞれTOEICのテストを受けてもらった。すると、ヒアリング力が伸びたあとのスコアは、ヒアリング力が伸びる前のスコアよりも、平均30%も上がった

↓

データが伝えているものは

「ヒアリング力が伸びた人はTOEICスコアも上がった」

↓

「ヒアリングができれば総合的英語力はアップする」とは言っていない

すなわち、A氏の解釈であることがわかる

「事実らしきもの」を前に考えをとめない

考え抜くにあたっては、目の前にあるものは「事実」なのか「意見」なのかを問う必要があります。「意見」だと思えば「人によって見方も変わるだろうから、ちょっと検討したほうがよさそうだな」と思えそうですが、「事実」だと思うと、私たちは途端に疑うことをやめてしまう傾向があります。事実と誤認しても、「ああ、モリさんのこと好きだったのに、結婚しちゃうのか」と一瞬ショックを受ける程度ですめばいいのですが、意見を「事実」と思い込むことは場合によっては恐ろしい事態を引き起こします。

事実と意見との混同が、3・11後の風評被害の根底にはあると思います。「意見を事実と勘違いする」ことが連鎖となって、（恐怖心や色々なものに対する不信感も相まって）多くの風評被害が生まれてしまったのではないでしょうか。

「質問力」をつけるエクササイズ

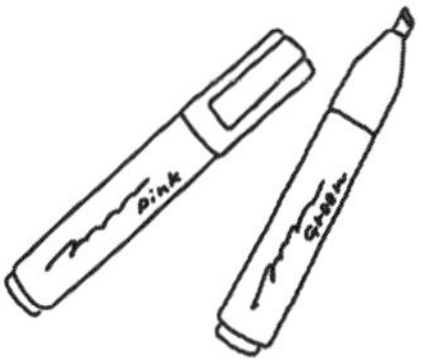

「よい質問をするための12か条」をもとに質問をしてみる

59ページからの「よい質問をするための12か条」を意識しながら、質問をしましょう。友人や同僚、家族に、今取り組んでいる仕事や、先日の休暇、自分は行けなかった同期会について……どんどん聞いてみましょう。

5W1Hにはじまり、「それまでの仕事（休暇・同期会）とどう違うのか」、さらに、よい面ばかりを話してくるようなら「悪い面はなかったのか」、「そもそもどうして○○に旅行しようと思ったのか」などなど、とにかく質問します。

質問することによって目指すゴールは、「相手の仕事（休暇・同期会など）の光景がパーッと目に浮かぶ状態」に自分の理解を持っていくこと。あるいは、相手から聞いたことを、誰か他の人にぺらぺらと喋れるような状態に持っていくこと、です。

そんなに根掘り葉掘り聞いたら悪いんじゃないか、と思うかもしれませんが、気のおけない相手ならどんどん聞いてしまっていいと思います（もちろん、親しき仲にも礼儀ありですが）。テーマや質問の内容がよほどデリケートなものでない限り、人というのは、自分のことを一生懸命聞いてくれる人のことを嫌がったりしないものです。また、「自分にはとうていできないような感じ方」を人から学ぶことは、次のＬｅｓｓｏｎで扱う「視点を増やす」ことにもつながっていきます。

まとめ

理解を深めるための「やること」リスト

- □理解したつもりにならないために、①5歳児に説明するつもりで話してみる、②カタカナ語を掘り下げる、③英語に訳してみる、④「理解度チェックシート」を使う、⑤5W1Hでツッコミを入れる、⑥「信号色のマーカー」で吟味する
- □急に意見を求められたら「よい質問」をする
- □「意見なのか」、「事実なのか」を区別する

Lesson 3

視点を増やして発想を広げる

Lesson 3

誰かになりきって、「自分と違う視点」で考える授業

先生「みんなは、『よい社会』ってどんなところだと思う？」

生徒「戦争や犯罪がないところ」

生徒「自分のやりたいことができるところ！」

先生「どうしてそう思うの？」

生徒「だって宇宙飛行士になりたいって思っても、その夢を叶えさせてくれる社会がなくちゃ、なれないでしょ。やりたいことができるのは、人間の権利だよ」

先生「なるほど。じゃあ、今度は、自分とは違う人の立場から『よい社会ってどんなところ？』という問題を考えてみようか。

たとえば、お母さんの立場から見ると、よい社会ってどんなところだろう？

宇宙飛行士の立場で考えた『よい社会』は、

みんなが考える『よい社会』と一緒かな？
自分とは違う人になりきって、
『よい社会とはどんなところか』を考えてみよう……」

先生「どんな意見になったかな？」

生徒「私はお母さんの立場から考えたんだけど、お母さんなら
『よい社会とは、子どもたちが安心して暮らせるところ』って言うと思う。子どもたちが安心して暮らせるってことは犯罪がないってことだから、
そのためには、警察がもっとパトロールして
犯罪が絶対に起きないようにする必要があると思う」

生徒「いつも監視されるとみんなの自由が制限されることにならない？」

生徒「自由が制限された社会って、『よい社会』って呼べるのかなぁ」

先生「さっき、やりたいことができるのがよい社会だ、っていう考えが出てたよね。
じゃあここで、やりたいことがなんでもできる社会が本当によい社会かどうか、
少し考えてみようか」

生徒「僕は宇宙飛行士になりきって考えてみたんだけど、
宇宙飛行士から見ると、自由には、制限しなくちゃいけないものと、
制限してはいけないものがあると思うんだ……」

ひとりよがりの見方になっていませんか？

——視点を戦わせることで1つ上の「考え」に進める

前ページは、欧米の学校での授業風景をイメージしたものです。

子どもたちはここで、自分とは違う人になりきって「よい社会とは何か」という問題にチャレンジしています。まずは自分たちの視点から答えを出し、その後、自分とは違う人（たとえば、お母さん）の視点からこの問題を考え直しました。

このように、自分とは違う誰かになりきって考えるということは、自分とはあえて違う視点で考えることです。考え抜く力を教える欧米などの学校では、自分以外の視点を持ち、自分とは正反対の「言い分」を理解すること、つまり、視点を多く持つことを重視して、色々な形で指導しています。

世の中には無数の「立場」がありますね。

ビジネスパーソンの立場、社長の立場、主婦の立場、消費者の立場。そして、それぞれの立場には、その立場なりの感じ方や思惑、事情があります。感じ方や思惑や事情が違えば、同じものを見ていても見え方やとらえ方が違ってきます。立場ゆえに、ある物の一部が見えないこともあれば、見えているはずなのに「見えない」と思い込むことだってあります。つまり、それぞれの立場のとらえ方には、なんらかの特徴というか「偏り」があるのです。

ところが私たちは、無意識のうちに「1つの視点」で物事を考えがちです。そして、この「1つの視点」はあまり柔軟に移動しないという困った習性があります。だからこそ、意識的に別の視点・立場を持ち出す必要があるのです。

先ほどの授業でも、お母さんの視点が登場したことによって、子どもたちの議論は「『よい社会』では自由と規制をどう扱うべきか」というレベルまで深まりました。そして、議論が深まったおかげで、当初出ていた「やりたいことをできる社会がよい社会」という意見も、考え直す必要があることがわかりました。別の視点を持ち出すと自分の意見が客観視できること、そして、自分の視点と別の視点を戦わせると考えが深まるということを、子どもたちは実地を通して学んでいたのです。

自分以外の視点で、考えに深みを持たせる4つのTips

「視点を多く持つ」という作業は、Ｌｅｓｓｏｎ１でご紹介した「自分の意見の作り方３ステップ」の、ステップ２「理解を深める」と、ステップ３「意見を持つ」の間に入ってくるものです。

たとえば、「聞き流すだけで英語力がアップする音声商品の企画」に対する理解を、Ｌｅｓｓｏｎ２でご紹介したような「理解度チェックシート」（51ページ）を作るなどして、深めたとします。

そこで次に、自分の意見を持とう……となるのですが、その前に立ち止まって、自分とは別の視点を登場させるのです。あなたがこの企画に賛成なら、「自分はこの企画に賛成したい気がするけれど、自分とは違う視点から見たらどうなるだろうか」と考えるわけです。

「意見を持つ」という最終ステップに行きつく前に、自分の考えを客観視して、考え全体に深みを持たせる。それが視点を多く持つことの意義です。

それでは、視点を増やすための実践方法を、ご紹介していきましょう。

Tip 1 「スルーできない人」になりきって考える

これは、76ページで子どもたちがしていたことと基本的には同じです。誰か別の人になりきって、その人の気持ちになって考えます。手順は次のようになります。

①なりきる人を決める

誰でも好きな人になりきればいい、というわけではありません。なりきる対象は、自分がじっくり考えたいと思っている情報（他人の意見、企画、提案、申し出などを含む）の内容に**利害関係のある「スルーできない人」**に限られます。利害関係のない人を登場させても、「どっちでもいいんじゃない」程度の視点しか得られないかもしれませんから。

「スルーできない人」の候補は大体、次のような人たちになります。

ア　考え抜く対象である「情報」の内容に、自分の将来・生活・仕事などがかかっている

人

イ　その「情報」の内容が毎日の生活をよりよいものに変えてくれそうだ、という期待を持っている人

ウ　その「情報」に直接関係のある当事者

誰かになりきって考えるときは、まずはこの3つの分類にそって「スルーできない人候補者リスト」を作ってみるといいと思います。

たとえば、「聞き流すだけで英語力がアップするという音声商品」のスルーできない人候補者リストは、**図3－1**のようになります。

実際になりきるのは架空の人物でもかまいませんし、実在する「〇〇さん」でもかまいません。「スルーできない人候補者リスト」の中から、違う立場の人を2人（たとえばアから1人、ウから1人など）を選んでなりきってみることをお勧めします。1人では少ないですし、3人以上になりきるとなると、疲れてしまいますから。

さて、リストから「なりきりたい人」を選んだら、次は、その人のイメージを具体的に作り上げていきます。

「スルーできない人」の具体的なイメージを作り上げるときは、その人の「職業」、「年齢」、

図3-1 「スルーできない人候補者リスト」（記入例）

それぞれ、職業、年齢、好みなどの傾向、なぜスルーできないのかを考えて挙げてみよう

ア）この商品に、自分の将来・生活・仕事がかかっている人

・この音声商品が売れることで、利益が得られる人（例：部長、社長）

・この音声商品で勉強して英語力をつけ、ステップアップしたいと思っている人（例：ビジネスパーソン）

イ）この商品が、毎日の生活をよりよいものに変えてくれそうだ、という期待を持っている人

・この音声商品で勉強して、同僚や知り合いの外国人とコミュニケーションをもっととれるようにしたいと思っている人（例:ビジネスパーソン、主婦、学生、リタイア後の人）

・この音声商品で勉強して、海外旅行をもっと楽しみたいと思っている人（例：旅行好きの人）

ウ）この「商品」に直接関係のある当事者

・同じ部署内の人、営業担当者、ライバル社の人、著者として候補の上がっている人、など

「好みなどの傾向」、「なぜスルーできないのか」ぐらいをイメージすればOKです。

先ほどの「スルーできない人候補者リスト」（83ページ）に挙がっていた、アの「ビジネスパーソン」を例にとって、この4項目について考えてみましょうか。

「日本の企業に勤めるビジネスパーソン」（職業）、「30代後半」（年齢）、「短時間で効果が上がるものを好む」（好みなどの傾向）、「仕事のステップアップに英語は欠かせないと思っているから」（なぜスルーできないのか）。

「いる、いる、こういう人」と思えるような、リアルなイメージを作り上げることが大事です。

②「その人がいちばん手に入れたいものは何か」を考える

「なりきりたい人」のイメージがある程度固まったら、「その人がいちばん手に入れたいと思っているものは何か」を考えます。これが、「スルーできない誰か」になりきって考えるときのいちばんのポイントです。

自分とは違う人間の「いちばん手に入れたいもの」が見えれば、その人の「真剣な視点」も見えてきます。自分とは違う人の「真剣な視点」が見えてくれば、視点が増えて考えを先に進めることができるわけです。

では、実際にどうやってその人の「いちばん手に入れたいもの」を見いだして、考えを進めていけばいいのか。そのプロセスを、先ほどの「日本の企業に勤めるビジネスパーソン」を例に説明しますね。

このビジネスパーソンは、30代後半で、短時間で効果が上がるものを好み、仕事のステップアップに英語は欠かせないと思っています。

では、このビジネスパーソンがいちばん手に入れたいものは、なんでしょうか。誰かがいちばん手に入れたいものをイメージするということは、その人が目指している最終ゴール（のようなもの）をイメージするということでもあります。

このビジネスパーソンは、仕事のステップアップに英語は欠かせない、と思っています。つまり、最終的に求めているのは「単に英語がうまくなること」ではなく、「もっとよい仕事ができるようになること」です。

ここで、後輩の企画に戻ってみましょう。

後輩が企画している商品は「ヒアリング力・文法力・ボキャブラリー力がつく」ものですが、**「もっとよい仕事ができるようになること」を英語の先に求めているビジネスパーソンの視点からすると、役不足なのではないか**、とも思えてきます。

なぜなら、「もっといい仕事ができるようになる」ための英語は、ヒアリング力・文法力・ボキャブラリー力だけでは不十分で、コミュニケーション力や交渉力も必要になってくると考えられるからです。このビジネスパーソンの気持ちになって考えると、「この音声商品の企画には反対」と言えそうです。

③もう一度、自分の視点に戻ってみる

自分とは別の視点を登場させたら、次は、自分の視点に立ち返ってみます（今回の場合は「この企画に賛成」という視点）。自分が賛成だと思っていたことの根拠は何か、あらためて考えます。意見には絶対に根拠が必要、でしたよね。

「賛成」の根拠がたとえば「後輩から色々と教わった結果、この商品を使えば英語力がつきそうだと思ったから」だったとします。

しかし、あなたが「英語力がつきそうだ」と言うときの「英語力」は、この商品がターゲットとして想定している「ビジネスパーソン」のための英語力、とは少し違うようにも思えます。「ヒアリング力・文法力・ボキャブラリー力」がアップしただけでは、ビジネスパーソンは「英語力がついた」とは思わなさそうだ、ということを先ほどの「ビジネスパーソンの視点」が教えてくれたからです。

別の視点と自分の視点とを検討するうちに、どうやら「賛成だ」と言うのはちょっと待ったほうがよさそうだ、ということがわかるのですね。さらには、「ターゲットをビジ

ネスパーソンにするのであれば、コミュニケーション力なども学べるような商品にしたほうがいいのではないか」という提案を、意見に添えることもできそうです。当初の「賛成」という考えが一歩深まったわけです。

Tip 2 部外者のフレッシュな視点で、違った角度の見え方を手に入れる

「利害関係があるからこそスルーできない人」の視点から多くを学ぶこともあれば、部外者の視点が大切なことを教えてくれることもあります。自分にとっては当り前のことも、利害関係のない第三者からすると、まったく別の見え方をするかもしれません。

ここからは、部外者のフレッシュな視点を効果的に持ち出す方法を2つ紹介します（Alan M.Webber 氏が著書 ***Rules of Thumb*** にて紹介していたものをもとにしています）。

まず、1つめ。じっくりと考えたいと思っている「情報」をもとに、風刺漫画家が絵を描いたらどうなるか考えてみます。

風刺漫画家は、絵を通して風刺することが仕事ですから、部外者的に「いいんじゃないの」と流すことはできません。風刺、つまり何かを皮肉っぽく眺めて表現するためには、その「何か」を理解していなければなりませんし、普通の人には清く正しく美しく映って

いる物事を、あえて皮肉っぽくとらえ直す、という目も必要です。自分の視点から見えている「風景」に皮肉の入り込む余地はないか、普通の人が見落としているところはないか、それをとらえ直してくれるのが「風刺漫画家の視点」なのです。

風刺漫画家の「イジワルな」視点で女性雇用を考える

「女性をもっと雇用すべき」という提言（53ページ）について考えてみましょう。この提言が描く未来予想図は、「女性が育児や介護などで一時期職場を去ったあとも復帰しやすいような職場」です。そこには託児所があり、在宅勤務の態勢も整っています。そのような未来の図を、風刺漫画家が1枚の絵として描いたらどうなるでしょうか。

昼休みに託児所に立ち寄って、子どもとの時間をしばし楽しむお母さんの姿……でもいいですが、あえて**「イジワルな目」**でこの未来の図を眺めてみます（**図3－2**）。

たとえば、こんな絵はどうでしょうか。忙しい仕事の合間に子どもが熱を出し、託児所が同じビルの中にあるばかりに自分が迎えに行かねばならない。ところが仕事は切り上げられず、てんてこまいになっている女性社員。その女性社員の横には「夫がもっと育児に参加してくれればいいのに」という吹き出しがため息まじりに出ているかもしれません（なお、このような「絵」はヘタでも、ラフなものでいいですから、実際に紙に描いてみ

図 3-2 風刺漫画家の視点で見ると……

るとイメージが湧きやすいです)。

　絵ができ上がったら、もともとの自分の考えに立ち返ります。「託児所が社内にあるのは便利なのでは」という当初の考えと、「夫がもっと育児に参加してくれればいいのに」という吹き出しとを照らし合わせてみると、「もしかすると、女性社員たちに必要なのは託児所ではなく、夫やパートナーがもっと育児に参加できるような社会なのかもしれない」というところに考えが及ぶかもしれませんね。

人類学者のスケールで、当事者が見落としがちな点を見抜く

　フレッシュな視点を持ち出す方法の2つめは、じっくりと考えたいと思っている「情報」の中身を、人類学者が研究したらどんな見立てをするだろうか、と想像してみることです。とはいえ、人類学の知識はいりません。「人類学者っぽいイメージ」であればOKです。「その情報の中身を、人類とか文化とか民族などの大きな枠組みでとらえたら、どのように見えるか」と考えてみます。最大限にマクロな視点で、当事者が見落としがちな「点」を見抜く――それが、人類学者っぽい視点のメリットなのです。

　人類学者っぽい視点を持ち出すときには、まず、「今の時代、今の場所、自分が今置かれている状況」から離れるという姿勢が大事です。**「今はAということを自分は当り前の**

ように感じているけれど、時代や場所、文化が変わったら、Aは当り前と言えるのか」と、もっと大きなスケールで考えてみるわけです。

たとえば、次のような質問を考えてみるといいと思います。

- **その「情報」の中身を、「人類の歴史の一部」として百年後の視点からとらえると、どうなるのか**
- **その「情報」が言っている内容は、他の国でも重要な問題となり得るのか**
- **その「情報」には、大前提となっている文化的背景があるのか**

この質問事項をもとに、「託児所を社内に置いたり、小さい子どものいる母親が在宅勤務をする」という態勢について考えてみます。すると、92ページ**図3－3**にあるような質問ができ上がると思います。

たとえば「農村などでは昔から、母親の職場と子どもの育つ場所が一緒だった。託児所を置いたり在宅勤務態勢を整備するということは、母の職場と子どもの育つ場所を一緒にしてやる、ということ。これは、何も目新しいことではなく、人間が本来必要としている環境なのではないか」という視点が出てくるかもしれません。

この視点と「託児所が社内にあるのは便利なのでは」という当初の考えを照らし合わせ

図3-3 人類学者っぽい視点で見ると……

他の国でも重要な問題となり得るのか？

ex. 託児所が会社にある、ということは、日本だからこそ重視される問題なのか

→ フランス等、女性が働くのが当り前という国ではめずらしくないのでは

大前提となっている「文化的背景」があるのか？

ex. たとえば「育児は女性がするもの」などの文化的背景があるのか

→ 日本では高度成長期にそのような文化風潮が特に広がったと言われる

「人類の歴史の一部」として100年後の視点からとらえると、どうなるのか？

ex. 託児所が会社にある、という社会を100年後に「人間の歴史の一部」としてとらえた場合、「人間の進歩」と見なされ得るのかどうか

→ 子どもが母親の職場にいるという枠組みは、かつて農村で田んぼに赤ちゃんを連れて行ったことと同じ

てみると、「託児所を作ったり在宅勤務の態勢を整えるのは、むしろ必然」というレベルに深まっていくかもしれません。

「スルーできない人の視点」にしても、「部外者の視点」にしても、何か別の視点を登場させるときに気をつけなければいけないのは、**「別の視点のほうが自分の視点より優れている（あるいは劣っている）」などと優劣をつけない、**ということです。

意見を戦わせるという習慣があまりない日本では、自分とは違う意見が出てくると、知らず知らずのうちに「ああ、自分の意見はダメなんだ」と自分のことを否定的にとらえる人が多いように思います。

実際に議論をしているときも、今回のように議論のシミュレーションをしているときも、自分とは違う視点や考えというものは「自分の考えを深めるための肥やし」と思うことが大事です。

Tip 3　1人弁証法のススメ（「もう1人の自分」を活用する）

ここからは、「とにかく自分の考えに反対する視点」を紹介します。自分の考えにいちいち反対する「もう1人の自分」を自分の中に作り上げて、さらに視点を増やそう、という趣向です。

マンガやアニメなどでは時々、登場人物の心の中に「善い自分」と「悪い自分」とが現われて、その「2人の自分」が葛藤しているシーンが出てきます。悪いことをしようとしている自分に対して「善い自分」が「やめとけよ」と囁くと、「悪い自分」が出てきて「バレないいんだからやっちゃえよ」などと言ってくる。自分の中にもう1人の自分を作り上げる、というのはイメージとしてはこれに似ています。ただし、皆さんに戦わせていただきたいのは善と悪ではなく、「自分のもともとの視点」と「それに反対する視点」です。

私はこれを「1人弁証法」と呼んでいます。

「弁証法」は哲学における、一種の対話法です。弁証法には色々な種類がありますが、私がここで言う「弁証法」とは、

①「A」という考えがある

② それに反対する「非A」という考えを持ち出して「A」と戦わせる

③「B」という、新たなアイデアが生まれる

というプロセスを意味しています。ある考えと、それに反対する考えを戦わせることによって、いわば化学反応が起きてもっとすばらしい考えが生まれる、ということですね。

このプロセスは通常2人でするものですが、それを1人2役でやってしまおう、というのが「1人弁証法」です（96ページ**図3－4**）。

それでは、1人弁証法を実際にどのように行なうか、「聞き流すだけで英語力がアップするという、音声商品の企画」を例に説明します。

まず、**自分の立場を明確にします**。「この企画に賛成」程度のざっくりしたものでかまいません。ただし、あいまいなものはNGです（あいまいな立場に「反対する」ことは難しいですから）。この、「自分のもともとの立場」のことをAくん、Aくんに反対する立場のことを「非Aくん」と呼びます。

次に、**A4ぐらいの大きさの紙を用意して、この紙に、非Aくんの立場（今回の場合は「この企画には反対」という立場）の根拠を書き出していきます**（これを「ツッコミリスト」と呼ぶことにします）。人それぞれの立場、すなわち意見には、根拠が必要ですから。

自分のもともとの考えに反対して、その根拠まで考える、というのは難しいことかもしれません。自分の考えには、愛着を感じて当然です。それをわざわざ否定するなんて……とやりづらく感じることもあると思います。でも、「自分の考えにあえて反対してみること」は、自分の考えを客観視して深めていくために、絶対に必要な作業なのです。

図 3-4 1人弁証法の手順①（賛成・反対など、二者択一的なものについて考える場合）

1. 自分の立場を、「賛成」、「反対」などという形で明確にする（この「自分のもともとの立場」を「A くん」と呼ぶ）
2. A くんに反対する「非 A くん」が言えそうなツッコミを、思いつくだけ、紙にリストアップする（「ツッコミリスト」）
3. リストのうち、正当な根拠のありそうなものだけを残す
4. リストに残った「非 A くんのツッコミ」の正当性を検証する
5. 正当だと判断した「非 A くんのツッコミ」を自分の考えに反映させる

Tip 4 「ツッコミリスト」で見直す

非Aくんの立場（「この企画には反対」）の根拠を紙に書き出すときは、「私がもしも非Aくんという キャラクターだったとしたら、どんな根拠を持ち出して反対するだろうか」と、非Aくんという キャラクターをイメージしてみるといいと思います。

先ほどの「英語の音声商品企画」を例にとってみると、非Aくんの役目は「音声商品の企画に反対すること」です。その根拠を考えるのですから、まず、この企画にツッコミどころはないか、考えてみます。逆に、非Aくんの役目が「企画に賛成すること」の場合は、企画に賛同できるものはないか、考えます。

この時点では、とにかくなんでもツッコミを入れてみることが大事です。

この音声企画の詳細をあらためて眺めてみると、そこにはツッコミどころが色々あります。「CDではなく、ポッドキャストにすべきだ」、「ビジネスパーソンがターゲットになっているけれど、ターゲットが間違っているのでは」、「X社が出している類似商品との差別化が難しい」、「英語教育業界に今さら参入しても勝算はない」、「聞くだけで英語力が本当

図3-5 非Aくんのツッコミリスト

- ~~CDではなく、ポッドキャストにすべきだ~~ （正当な根拠が思いつかない）
- ~~ビジネスピープルがターゲットになっているけれど、ターゲットが間違っているのでは~~
- X社が出している類似商品との差別化が難しい
- 英語教育業界に今さら参入しても勝算はない
- 聞くだけで英語力が本当にアップするとは思えない

にアップするとは思えない」などなど。これをすべて、「ツッコミリスト」として書き出していきます。

次に、この「ツッコミリスト」の中身を、正当な根拠があるものとないものとに分けていきます。

たとえば、「CDではなく、ポッドキャストにすべきだ」ととりあえずツッコミを入れてみたものの、きちんとした根拠が思いつかないようであれば、線を引くなどしてリストから外します。一方で、「X社が出している類似商品との差別化が難しい」には根拠がある、と思うのであれば、このツッコミはリストにそのまま残しておきます。

事実まで落とし込めるツッコミを大事にしよう

このようにしてリストに残ったツッコミを書き出した紙は、**図3－5**のようになっています。

次に、このリストに残ったツッコミが正当かどうか、1つ1つ検証します。

このときに大事なのが、67ページで説明した、**「事実」と「意見」の区別**です。

たとえば、「X社が出している類似商品との差別化が難しい」というツッコミは「意見」です（人によっては「差別化できる」という人もいるかもしれないからです）。意見であるからには根拠が必要なので、何を根拠に「差別化が難しい」と言えるのか、その根拠を考えます（100ページ**図3－6**）。その「根拠」が、たとえば「この音声商品の詳細は、X社の類似商品と非常に似ているから」だとします。X社の類似商品とをあらためて比べてみると、たしかに多くの点で似通っています。つまり、「この音声商品の詳細は、X社の類似商品と非常に似ているから」という根拠は、事実と言えそうです。

「X社が出している類似商品との差別化が難しい」というツッコミを図式化すると、次のようになります。

図3-6 「ツッコミの根拠」を確認する

意見 「Ｘ社が出している類似商品との差別化が難しい」
↓**なぜならば**
事実 「この音声商品の詳細は、Ｘ社の類似商品と非常に似ているから」

Check Point!
事実は正しいか→確かにそうだ
因果関係はあるか→似ていれば差別化は難しいので因果関係はある
⇨**この意見は正当**（紙に書き出したツッコミに○をつける）

「Ｘ社が出している類似商品との差別化が難しい」
⇧（なぜならば）
「この音声商品の詳細は、Ｘ社の類似商品と非常に似ているから」

〈意見〉なぜならば⇩〈事実〉という構造です。「ツッコミ」はこのように、「事実」レベルまで落とし込んでいければ、とりあえずＯＫです。

そして、「この音声商品の詳細は、Ｘ社の類似商品と非常に似ている」が正しい事実であり、さらに、この〈事実〉と、「Ｘ社が出している類似商品との差別化が難しい」という〈意見〉との間にきちんとした因果関係があれば、このツッコミは正当なもの、と言えます。紙に書き出した非Ａく

図 3-7　考えたあとのツッコミリスト

- ~~ＣＤではなく、ポッドキャストにすべきだ~~　（正当な根拠を考えつかない）
- ~~ビジネスピープルがターゲットになっているけれど、ターゲットが間違っているのでは~~
- Ｘ社が出している類似商品との差別化が難しい　○　（正しそう）
- 英語教育業界に今さら参入しても勝算はない
- 聞くだけで英語力が本当にアップするとは思えない

んのツッコミのうち、正当だと思えるものには丸印をつけておきます（図３−７）。

ツッコミで「自分の意見」を磨く

では、非Ａくんの２つめのツッコミ「英語教育業界に今さら参入しても勝算はない」は正当でしょうか。

たとえば、ここに、「英語教育業界では80％の新規参入が淘汰された」というデータがあったとします。

非Ａくんが「このデータを見る限り、勝算はない」と言ってきても、データをきちんと検討した結果、Ａくんが「私には勝算があると思える、なぜなら〜という風に解釈するから」と言えるようなら、「英語教育業界に今さら参入しても勝算はない」というツッコミはペンディング、ということになります。この場合、先ほどの紙に、△印や「?」などをつけておきます。

非Aくんの3つめのツッコミ、「聞くだけで英語力が本当にアップするとは思えない」はどうでしょうか。実は、1人弁証法の「非Aくんのツッコミ」の中には、「自分もこの点はもともと気になっていたんだ」というものが含まれていることがあります。つまり、今回のケースだと、1人弁証法をはじめる前から、「聞くだけで英語力が本当にアップするんだろうか」と、あなたがなんとなく疑問に思っていた、という場合です。

こんなときは、Aくんと非Aくんに「対話」させてみるのも1つのやり方です。

Aくん「たしかに聞くだけじゃ、本当の英語力はつかないのかもしれないな」

非Aくん「語学は聞くことも大事だけど、アウトプットすることが同じぐらい大事だっていうのが大方の専門家の意見だよ」

Aくん「じゃあ、聞くだけで英語力がアップするっていう類似商品は、なんであんなに売れてるんだ? 『聞くだけ』っていう手軽さが受けるのなら、そこに『アウトプットする』という要素をうまく付加すれば、もっと売れるかな」

このような対話や、紙に書き出した「非Aくんのツッコミ」で丸印をつけたものから何か得るものがあれば、自分の考えに反映させます（ペンディングになっているものは保留にします）。１人弁証法をすれば、意見は確実に深まります。今回の場合も、「この企画には賛成だな」という平面的だった考えが、「基本的にはこの企画には賛成だけど、差別化が難しそうだから、『アウトプットする』という要素を付加するのはどうか」というレベルまで深まりましたよね。

そのデータに信頼性はあるか？

さて、先ほどデータの話が出ましたが、このデータというもの、取り扱うときにはちょっとした注意が必要です。

まず、注意しなければいけないのは、そのデータが本当に信用できるものなのか、という問題です。信用のおける所が出しているのか、信用のおける方法でとられたデータなのか、そして、最新のデータなのか。

特に、アンケートや調査と言われるもので、パーセントで数値を出しているものは要注意です。

たとえば「80％の新規参入が淘汰された」というデータを見るときには、どれだけのサンプル数から80％という数字がはじき出されたのか、をチェックする必要があります。世の中には、意図的かどうかはさておき、見る者を欺く調査結果がけっこうあります。100社を対象に調査して80社が淘汰されても80％になりますが、10社を対象にして調査して8社が淘汰されても80％になりますよね。

調査報告書には「○○人／社を対象に調査した」などの但書きがあるはずです。このような但書きのない調査結果は信用がおけないもの、と判断したほうが無難です。また、サンプル数が少なすぎるデータも「あまり説得力がない」としたほうが安全だと思います。

「X年で○○件も増えた」などという切り口のデータも取り扱い注意です。

たとえば、「英語教育業界で淘汰された新規参入企業は、過去5年の間に100社も増えた」というデータがあったとします。これを読んでいきなり「英語教育業界は年々、新規参入しづらくなっている」と結論づけてしまうことはNGです。

なぜなら、この文を読んだだけでは、そもそも新規参入企業の数自体がこの5年間で増えたのか、それとも、新規参入企業の数は横ばいだったけれど、「淘汰された新規参入企業」がこの5年間で増えたのか、わからないからです。

もしも後者であれば「英語教育業界は年々、新規参入しづらくなっている」と解釈することもできますが、前者であれば、「そもそも新規参入する企業数が増えたのだから、その分、淘汰される企業も増えるだろう」という解釈もできます。

「正解が１つでない」ケースで使うための１人弁証法

１人弁証法は、答えが無数にあり得る、いわゆるオープン・エンドな問題にも有効です。オープン・エンドな問題について考えるときは、「１人弁証法」の手順も変わってきます。オープン・エンドな問題を扱う場合は、非Ａくんの役目は**「とにかくＡくんが言うことに、ことごとく反論すること」**となります。そしてＡくんと非Ａくんとをバーチャルに議論させるのです（106ページ**図３－８**）。

たとえばあなたが、「うちの部署はどうすればもっと業務を効率化できるのか」ということについて悩んでいて、「まずは、ムダな業務が何かを客観的に把握して、それから、どう効率化できるか、検討しよう」と考えていたとします（これが「Ａくんの考え」です）。

図 3-8 1人弁証法の手順②（正解が1つでないケースについて考える場合）

1. 自分の立場を明確にする（この「自分のもともとの立場」を「Aくん」と呼ぶ）
2. Aくんの考えにことごとく反論する「非Aくん」を登場させ、2人を議論させる
3. 非Aくんの「反論の根拠」の正当性を検証する
4. 正当だと判断した「非Aくんの根拠」を自分の考えに反映させる

さて、非Aくんの任務はとにかくAくんの言うことに反論することです。そこで、非Aくんにこう言わせてみます。

非Aくん　「『ムダな業務を客観的に把握して、効率化対策を検討する』という意見には反対だ」

この非Aくんの言い分には根拠がなければいけないので、今度はAくんに反撃させます。

Aくん　「そうやって僕の言うことに反論する根拠はなんだい？」

続けて、非Aくんの根拠を考えます。

非Aくん　「『ムダな業務を客観的に把握して、効率化対策を検討する』という意見には反対だ」

（なぜならば）⇩「この意見は、うちの部署はどうすればもっと業務を効率化できるのか、という問題に対する答えとしては不十分だから」

（なぜならば）⇩「どんなにすばらしい効率化対策を打ち出しても、その対策を部署内の人間が納得しない限り、効率化は実現しないから」

非Aくんの考えや根拠は、そもそもあなたにはなじみのないものですから、根拠がどのような構造になっているか、まとめて紙に書き出してみるとわかりやすくなると思います（108ページ**図3－9**）。

さて、非Aくんの最後のセリフ「どんなにすばらしい効率化対策を打ち出しても、その対策を部署内の人間が納得しない限り、効率化は実現しない」は「意見」ですから、これにも根拠が必要です。先ほどの、「二者択一的なものについて考える場合の1人弁証法」でもそうだったように、**根拠は「事実」レベルまで落としていきます**。

たとえば、「部署内の人間が納得しない限り、効率化は実現しない」の根拠が「部署内の同意を得ずに進めた効率化で、成功したケースはほとんどない」だったとします。これは「事実」ですから、証拠が必要です。きちんとしたデータなどの証拠を見つけてくることができれば、この「根拠」は正当なものと言えます。

図3-9 非Aくんの根拠の構造

1 非Aくんの意見を構造化してみる

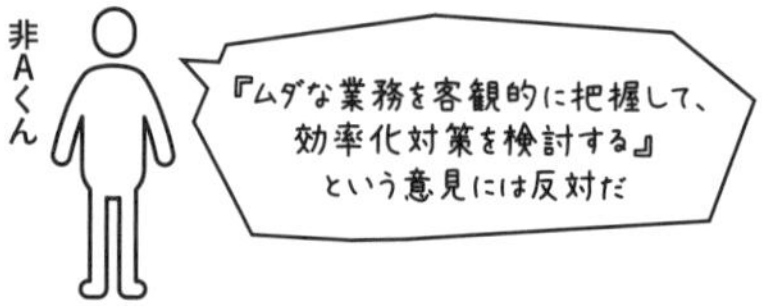
非Aくん
『ムダな業務を客観的に把握して、
効率化対策を検討する』
という意見には反対だ

なぜならば1

「この意見は、うちの部署はどうすればもっと業務を効率化できるのか、という問題に対する答えとしては不十分だから」

なぜならば2

「どんなにすばらしい効率化対策を打ち出しても、その対策を部署内の人間が納得しない限り、効率化は実現しないから」

2 (なぜならば1、2)は、事実か意見か?

「意見」

3 「意見」なら、その「根拠」は何か

「部署内の同意を得ずに進めた効率化で、成功したケースはほとんどない」

事実が見えてくる!

非Aくんの根拠が正当だ、とわかったら、Aくんと非Aくんをさらに議論させて、Aくんの考えを深めていきます。

Aくん「効率化対策の目処が立ったところで会議を開いて、皆の意見も聞いてみるか。でも、そうすると皆言いたい放題になって、話がまとまらないかも」

非Aくん「会議を開くのではなく、中間管理職である君が『皆の意見を聞きたいと思っている』ということを誠実に示すことが大事じゃないのか」

……ところまで来れば、当初のあなたの考えには、効率化の実行部隊である、部内の人間の気持ちというものが含まれていなかった、ということがわかってきます。最終的に会議のような場を持つかどうかはさておき、当初の考えが1つ深まったことはたしかですよね。

なお、自分に反対する立場（「非Aくん」）のモデルが実在する場合は、非Aくんの代わりに、その人をイメージして弁証法を進めるとよいでしょう。その人がなぜ自分の立場に反対するのか、その根拠を徹底的に考えてみます。

「想定外」の状況でいかに判断するか
——いきなりの出来事を考える筋道

ここからは「想定外」のお話です。

想定外ケースは大きく2パターンに分かれます。1つは、イエスかノーかを決めるようなパターン。もう1つは、もともと方向性が決まっているパターンです。どちらも「突然ふってわいたようなケース」について理解を深めなければいけない、という点では同じですが、その後のスタンスが違ってきます。

二者択一の「想定外」

まずは、イエスかノーかを決めるようなパターンについて見てみます。たとえば、この企画に賛成か反対か、という場合ですね。

私たちは、イエスかノーかを決めるような場合、無意識のうちに1つの「軸」をもとに考える傾向があると思います。「この企画についてどう思うか」と言われ、その「企画」について理解を深めているうちに「なんとなく賛成（あるいは反対）」という軸ができ上がっていく、ということは多いと思います。

想定外ケースでも、このような「軸」ができやすいパターンがあります。

たとえば、ある日、ヘッドハンティングの会社からいきなり電話がかかってきて、思ってもみなかった転職のオファーがあったとします。実際にヘッドハンターに会って話を聞いてみると、悪い条件ではなさそうです。転職のオファー先である企業のことを調べてみても、悪い点は見当たらない。このような場合は、理解を深めていくうちに「この転職の話、受けてもいいかもしれない」という軸ができ上がっているのです。

この場合は、軸を1つ決めて（たとえば、「転職の話、受けてもいいかもしれない」）、考えを深めていくほうが考えやすいです。とりあえずの方向性を決めておかないと、何がなんだかわからなくなってしまいます。

来月から上司が外国人に……方向性が明確になっている「想定外」

一方で、方向性が最初から明確になっている想定外ケースもあります。

たとえば、ある日、来月から上司がドイツ人になる、と聞かされたとします。よりによってなんで私の上司がドイツ人になるの？　どうしよう……、としばし焦ったあとは、この想定外の事態にどう対応すればいいか、考えなければなりません。

もう皆さんおわかりのように、ここでまずすべきは「ドイツ人の新しい上司が来るということは、具体的には何を意味するのか」を理解することですよね。上司になるドイツ人はどんな人でどれくらい日本語ができるのか、私の仕事にどんな影響が出るのか、仕事内容は変わるのか、などなど、想定外の事態に対する理解を深めなければなりません。

さて、今回の「私」の方向性は「この会社を辞めるということは絶対にしない」ということで完璧に決まっていたとします。ドイツ人の上司が来ようが、給料が下がろうが、私は絶対にこの会社にとどまる、と決めているわけです。

このように方向性が1つで、しかもそれが最初から明確になっている場合は、もともとの方向性、つまりゴールに確実に到達することが大事です。

このようなケースでは、たくさんの選択肢の中から、「絶対に到達すべきゴール」に確実にたどり着けそうなものを選びます。どれだけ多くの視点（選択肢）を持ち出すことができるかが勝負です。そこで、「1人ブレスト」の登場です。

Tip 飛躍する「1人ブレスト」のコツ

ブレストとは、ご存知のように、「ブレインストーミング（brainstorming）」の略で、「問題解決や新しいアイデアを出すことを目的に、1人1人が制限されることなく意見を言い合うこと」ですよね。

この「1人1人が制限されることなく意見を言い合う」という点がブレストのキモです。

そもそもbrainstormingの語源はbrain（脳、頭）とstorm（嵐）です。私はこの言葉を聞くと、色々なアイデアが飛び交うがために、議論の場が「嵐」のような状態になっているところを想像します。嵐ですから、よいものも、今イチなものも飛び交って当然です。

ところが、このような「嵐」状態のブレストには、私自身、あまりお目にかかったことがありません。日本人は控えめだからかアイデアをあまり言わない、あるいは、自分の中で「これはくだらないアイデアだ」と決めつけて口に出すのをやめてしまっているのではないか、と思います。

でも、**1人ブレストの場合は、アイデアを出すのも聞くのも全部自分なので、気遣いは一切不要です**。とにかくアイデアを出し尽くします。紙に書き出すと、どんなに「ちっぽけ」と思えるアイデアも見過ごさずにすむので、紙に書き出すことをお勧めします。

では、実際に1人ブレストをやってみます。たとえば、海外からの大事なお客様を、下町にある日本情緒豊かなてんぷら屋に連れて行く、というアテンド業務を任されていたとします。てんぷら屋には事前に予約を入れ（午後6時）、準備はすべて整っています。

ところが、天気予報では、その日の夕方に台風が上陸する、というまさかの展開。アテンドの相手に「台風なので延期しましょうか」と尋ねたところ、「どうしても行きたい」との返事。相手をピックアップする場所からてんぷら屋まではかなり離れていて、車で行っても30分はかかります。電車は麻痺しそうなのでアテにできない。タクシーも、まるで空きがない。その上、あなたは車の免許は持っていないので自分で運転して迎えに行くこともできません。さあ、どうしますか。

「1人ブレスト」で、台風の中お客様をアテンドするアイデアを出し切る

この場合、方向性は1つ、何がなんでもアテンド相手を指定の日時にそのてんぷら屋に絶対に連れて行かなければならない、ということです。

それを前提に1人ブレストをしてみます。くだらなさそうなアイデアも賢そうなアイデアも、全部出し切ってみます。

図3-10 想定外ケースに貢献してくれそうな、知り合いリスト

- 普段からあまり意見の合わない人
- 絶対に仲よくなれない、と思っている人
- 上司
- 尊敬する人
- ユニークな友人（現在の友人・学生時代の友人など）
- 子ども
- 外国人の友人・知り合い

「アテンド相手と嵐の中、一緒に歩いて目的地まで行く」、「台風が上陸する前の早めの時間帯ならタクシーを予約できるかもしれないから、午後の早いうちに目的地の近くまで行っておいて、どこかで暇をつぶす」、「友人に車を出してもらう」、「台風が上陸しないように祈る」など。

ここで大事なのは、**「自分」の視点以外からも考えてみる**ことです。

もしもこれが部長だったらどんなアイデアを出すだろうか、高校時代の友人だったら……という具合に具体的な「知り合いの誰か」を想定するとアイデアが湧きやすくなります。

なるべく境遇や性格が自分に似ていない人を想定すると効果的です。自分に似てい

る人を想定しても、似通った視点しか登場しません。すぐ「知り合い」が思いつかない場合は、115ページ**図3−10**のリストを参考にしてください。

アイデアの絞り方

色々な視点からアイデアを出し切ったら、消去法で選択肢を絞っていきます。選択肢を絞ることによって、最終的な選択をしやすい環境を作るのです。

選択肢を絞るときに気をつけなければいけないことは、**「そんなバカな」と普段なら一蹴してしまうようなアイデアも、とりあえず検討してみる**ことです。

一見くだらなく思えるアイデアも、ちょっと修正すれば、立派な「想定外対策」になり得るかもしれません。

切り捨て作業後に残ったアイデアリストの中に、たとえば、「台風が上陸する前の早めの時間帯ならタクシーを予約できるかもしれないから、午後の早いうちに目的地の近くまで行っておいて、どこかで暇をつぶす」というものがあったとします。暇をつぶすなんて無理だよ、と思っても、これを、もう少し現実的にしてシミュレーションしてみます。

「6時ちょうどに天ぷら屋に着こうと思うと、5時台にタクシーを呼ばなければならない。でも、5時台はラッシュアワーにあたるのでタクシーが確保できない。じゃあ、これを、4時台にくりあげてみたらどうだろう。30分早めに天ぷら屋に着いたとしても、アテンド相手もお店も困らないかもしれない」と考えることもできますよね。

1人弁証法に慣れるためのエクササイズ

何か意見を持ったら**「本当にそう？」**と日常的に自分に問いかける。それだけです。

たとえば、「こんなことになったのは、私のせいだ」と思ったら「本当にそう？」と自分の中で反論する。もちろん、「私のせいじゃない」と主張できるだけの根拠を挙げて、もともとの意見と反対の意見とを戦わせます。

すると、気持ちもちょっと晴れるかもしれませんし、弁証法力はつくし、一石二鳥です。

まとめ

発想を広げるための「やること」リスト

□利害関係のある「スルーできない人」が「いちばん手に入れたいもの」を考える
□部外者の視点で考える
□「1人弁証法」で、とにかく自分に反対してみる

Lesson

4

未来のシナリオで現実的な選択肢を手に入れる

Lesson 4

「では、本当に起こったらどうなるだろうか」先を予測する授業

先生「昨日の学級会で『運動部の入部テストは廃止すべきだ』という話になったよね。
どうして『廃止すべき』と言えるのか、その理由を皆で考えたり、色んな立場の人になりきって考えてもみたんだけど、
今日は、その話の続きをしようと思うんだ」

生徒「入部テストは絶対に廃止しなきゃダメ！」

生徒「そのスポーツが本当に好きなら、入部する権利がある。
うまい下手は関係ないよ」

生徒「自分の子どもが好きな部に入れないと、お母さんも悲しむし」

先生「うん、そういう話だったよね。
じゃあ、もしも本当に入部テストを廃止したら、
どんなことが起きるかな。何が変わるかな？」

生徒「部員数が増えて、もっと楽しくなる」

生徒「皆が入りたいクラブに入れて、ハッピーになる」

先生「なるほど。いいことがいっぱいありそうだね。
でも、入部テストを廃止したら、いいことばっかり？
悪いことは1つもないのかな？」

生徒「悪いことかどうかわからないけど……
自分の才能に気づけなくなっちゃう、
ってこともあるかな。
たとえばテニスが好きでテニス部に入ったけど、
全然うまくならない子がいたとするでしょ。
実はその子はテニスよりも野球の才能があるのに、
入部テストがなくてテニス部に入っちゃったから
その才能に気づけなかったとしたら……、
もったいない」

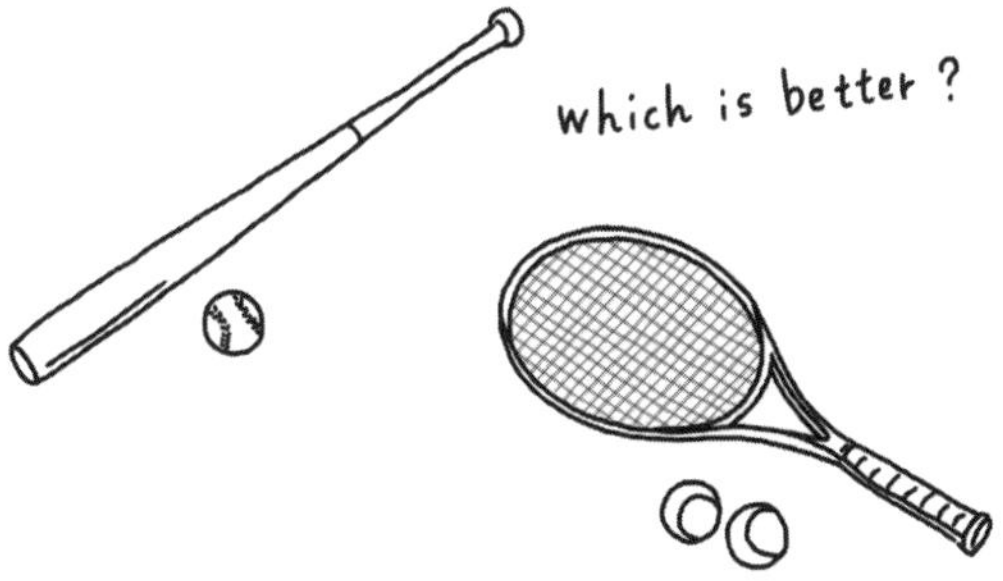

もし、現実に起こったらどうなるだろうか？

―― 未来を予測し、「今」とるべきアクションを決める

さて、今までお話ししてきた「考え抜くためのプロセス」では、理解を深め、根拠を重視し、視点を増やしてきました。しかし、それだけでは本当に「考え抜いた」ことになりません。なぜでしょうか。

前ページの授業風景をもう一度見てみましょう。

子どもたちは「運動部の入部テストは廃止すべきだ」という意見について話し合っていましたが、どうやらすでに、なぜ廃止すべきと言えるのか、という根拠の部分は話し合いずみで、他の視点を持ち出した上での議論もしていたようですね。その上で先生が子どもたちに問いかけていたのは「じゃあ、もしも本当に入部テストを廃止したら、どんなことが起きるだろうか」という問題です。

考え抜くときには、**「これが現実のものになったとしたら、どうなるのか」**という「先の予測」についても検討する必要があります。

想像力をたくましくして未来を妄想するのではなく、あくまでも現実ベースで先を見越す。欧米などの学校では、「考え抜く」プロセスの一環として、「先を予測すること」を当然のこととして教えています。

未来のシナリオを描き、現実的な視点を手に入れる

今までのLessonでは、根拠を大事にしてきました。根拠を考える、ということは、他人からもらった情報や自分の考えの背景をはっきりさせる、ということです。すでに起きたことや自分の考え方を掘り下げていくのですから、**これは言ってみれば「後ろ向き」の思考なわけです。**

さて、私たちが考え抜く対象のほとんどは、現実に直接関係のあることです。現実に関係があるのなら、背景ばかりを掘り下げていてはダメです。現実という場にその「考え抜く対象」を持ってきたらどうなるか、というリアリスティックな目が必要ですよね。

たとえば、現実的に考えてみた結果、ある案を実行に移したらAというシナリオが起こり得る、ということがわかったとします。

では、Aというシナリオは「実際に起きても大丈夫」とのんきに構えていられるレベルのものでしょうか、それとも、実際に起きたら困るから、何か調整をしなければいけないものでしょうか。

未来のシナリオを想定し、「手を打つべきことはないか」ということを教えてくれるのが、「先の予測」です。根拠を考えることが「後ろ向き」の思考なら、**先を予測して考えるということは、なんらかのアクションを視野に入れた「前向き」の思考**、と言えます。

背景がどんなにバラ色に見えても、実行に移してみたら、色々な不具合が出てくる、ということはあります。また、背景は今ひとつパッとしなくても実行してみたらうまくいく、ということだってあります。

そのような未来をきちんとシミュレーションして、根拠だけでは見えなかったものに目を向けよう、というのが、先を予測することの意義です。

美しい根拠には落とし穴がある

先ほどの授業風景で話し合われていた「入部テストの廃止」の議論でも、未来をシミュレーションすることによって、新たな点が浮かび上がっていました。

子どもたちが「廃止」の一大根拠として挙げていた「入部したくても入部できないという、かわいそうな生徒たちを守る」という理屈は、バラ色です。

でも、実際に廃止したらどうなるでしょうか。最後に発言した子どもが言っていたように、他の道で開花できたかもしれない子どもの才能に、気づけないまま終わらせてしまう、ということだってあり得ます。


未来を予測することは、ビジネスシーンでももちろん大切です。

たとえばある会社で、部内のコミュニケーションを円滑にするために週に1回は皆でランチをする、という案が出たとします。その背景および根拠は「今は1人1人が孤立した状態で仕事をしていて、他の人が何をしているか知らないために、ムダな作業が行なわれていることが多い。そこで、ランチタイムに情報交換をするのはどうか」だったとします。

美しい根拠、ですよね。


そこで、この案を実行してみたらどうなるか、予測してみます。

この部には20名の社員がいたとします。毎週必ず20名全員が出席できる、というのは無理そうです。それでも、出席した人たちはとりあえずコミュニケーションがとれるわけで

図 4-1 「週1回はみんなでランチをする」を実行してみたら……

やる根拠

職場で手軽に情報交換をするため

現実に起こりそうなこと

・誰が日程・場所をアレンジするのか

・参加できない人がいるのでフォローアップが必要
→可能かどうか？

すから、コミュニケーションがゼロの現状に比べればマシです。仕事の話もすれば、プライベートな話もできて、皆と前よりも仲よくなれるかもしれません。

しかし、何事もよいことづくめ、ということはあり得ません。この案を実行に移してみた場合、何か調整をする必要が出てくるでしょうか。

このランチが「部内の円滑なコミュニケーション」を目指すものである限り、ランチに出席できなかった人には、別途、フォローアップしてあげる必要が出てきます。では、このフォローアップは誰がどのようにするのか。そのようなフォローアップは実行可能なのか……などの課題が見えてきますね（**図4－1**）。

先を予測するということは、アクション

を視野に入れた「前向き」な思考だ、ということがイメージしていただけたでしょうか。

このＬｅｓｓｏｎで紹介する「考えなければいけないポイント」は、自分の考えを最終的に「すばらしい意見」に育て上げるための最終チェックポイントです。

「すばらしい意見」とは「説得力のある意見」のことです。私たちが「あの人の意見は説得力があるな」と感じるのは、たいてい、「あの人は事情もちゃんと理解しているし、色々な角度からじっくりと考えているようだ」という印象を受けるときではないでしょうか。

「色々な角度」、それを紹介するのがこのＬｅｓｓｏｎです。せっかく時間と労力をかけて理解も考えも深めたのですから、すばらしい意見にしたいですよね。

では、すばらしい意見を作り上げるための最終チェックポイントを、１つずつ説明していきます。説得力のある意見を作り上げるまで、あと少しです。

「先の予測」をする
4つの手順

まずは、「先の予測」です。
以下のような手順で考えていきます。

①その「案」が現実のものとなったら何が起きるか、うまくいった場合のシナリオ、うまくいかなかった場合のシナリオの両方を想定する
②うまくいった場合のシナリオ、うまくいかなかった場合のシナリオに備えて、何か手を打つべきことはないか、考える
③その行動は実行可能なのか、考える
④その行動は今しておく必要があるのか、考える

この手順を、「聞くだけで英語力がアップする音声商品の企画」を例に、説明しますね。

①「現実のものとなったら何が起きるか」シナリオを作る

この企画がもしも現実となった場合、つまり、この商品が市場に出たら、どのような事態が起こり得るか、現実的なシナリオを考えてみます。うまくいった場合とうまくいかなかった場合の、両方を考えます。

たとえば、うまくいった場合のシナリオは「飛ぶように売れて商品の続編を作ることになる」、「他のメディア（たとえばネット）と連携する」、「アジアにも展開する」。うまくいかなかった場合のシナリオは「ほとんど売れない」、「競合商品を出している会社から類似性を理由に訴えられる」などといった感じです（131ページ図4－2）。

大事なのは、現実的になるということです。

たとえば、この音声商品を市場に出したものの、「まったく売れない」という未来は現実的ではないですよね。商品を出して1つも売れない、ということは普通あり得ないですから。このような非現実的なシナリオは却下します。

ちなみに、考える対象となっている案に「賛成」だと思っている場合（また、肯定的な考え方をしている場合）、特に注意して考えるべきは「うまくいかなかった場合のシナリオ」です。肯定的に考えているときは、知らず知らずのうちに自分の中で「うまくいくはず」という前提ができ上がっているため、「うまくいかないシナリオ」にまで思いが至らないことが多いからです。

逆に、「反対」、あるいは否定的な考えを持っている場合は、「うまくいった場合のシナリオ」を一生懸命考えてみます。

②手を打つべきことはないか、考える

シナリオができ上がったら、次は、そのシナリオが実際に起きたときのために、何か手を打つ必要があるか、考えます。

なお、②以降の手順は、各シナリオごとに、②→③→④とプロセスを踏んでいくことになります。

どのシナリオから考えはじめるかは自由です。今回は、うまくいかなかった場合のシナリオから考えてみましょう。

シナリオには、「競合商品を出している会社から類似性を理由に訴えられる」がありますね。では、訴えられるというシナリオに備えて、何か手を打つべきことはあるでしょうか。ありますね。何をしたら訴えられて、何をしたら訴えられずにすむのか、という法律

図 4-2 先の予測をする手順

聞くだけで英語力がアップする音声商品を発売する

① 現実のものとなったら何が起きるか
② 手を打つべきことはないか
③ その行動は実行可能なのか
④ 今しておく必要があるか

	①	②	③	④
うまくいった場合のシナリオ	飛ぶように売れて続編を作る	続編を考えておく	可能	不要
うまくいった場合のシナリオ	ネット連携する	ネット環境を整える	可能	不要
うまくいった場合のシナリオ	アジアにも展開する	アジア拠点が必要	難しい	不要
うまくいかない場合のシナリオ	ほとんど売れない	販促の強化	可能	不要
うまくいかない場合のシナリオ	競合商品を出している会社から類似性を理由に訴えられる	法律的なことをおさえる	可能	発売前にやる

的なことをおさえておかなければなりません。

③その行動は実行可能なのか、考える

②で明らかになった行動、つまり「法律的なことをおさえること」は実行可能なのかどうか、考えます。これは問題なさそうですね、ちょっと調べればすぐわかりそうです。

④その行動は今しておく必要があるのか、考える

最後に④の「その行動は今しておく必要があるのか、考える」です。

法律的な問題は、商品が市場に出るまでにおさえておく必要があります。ならば、この点を、この企画に対する「あなたの考え」に足してやることができますよね。つまり、「この商品が法律に違反しないものかどうか、事前に確認しておく」というポイントです。

では、「うまくいった場合のシナリオ」についても、②-④の手順にしたがって考えてみましょう。

「うまくいった場合のシナリオ」のうち、「他のメディア（たとえばネット）と連携する」に関しては、何か手を打つべきことがあるでしょうか。

あまりにネットに疎い会社であれば「ネット環境を整えておく」という手を打つ必要が

あるかもしれません。ネット環境は大丈夫という状況なら、「すべきこと」はない、という答えが出るかもしれません。このように②に関して「すべきこと」がなさそうだ、という場合は当然、③と④についても考えなくともよい、ということになります。

もう1つのシナリオ、「アジアにも展開する」についても、②を考えてみます。アジアに展開するためには、販売チャネルや提携先など、アジア展開ができるだけのリソースがなければなりません。つまり、②の「手を打つべきことはないか、考える」に対する答えは、「アジア展開のためのリソースを確保しておく」となります。

そして、そのようなリソースを確保することは実行可能なのか、考えます（③）。すでにリソースがあるのなら、④（その行動は今しておく必要があるのか）については考えなくともすみますね。しかし、そのようなリソースがない、という場合は、そもそもうちの会社にはそのようなリソースを確保することができるのか（③）、リソースを確保することは今しておかなければいけないのか（④）、という風に考えていきます。

「アジアにも展開する」というシナリオから見えてきたことは、「売れた場合には、海外展開ができるだけのリソースが必要になるかもしれない」ということです。もともとの考えに「売れたら海外展開もあり得るかもしれないから、うちの会社が海外展開することが可能なのかどうか、考えておく」という点をプラスすることができます。

「実行しないと本当に困るのか」、必然性から行動を見直す

次にやるべきことは、「必然性」という観点からのチェックです。どんなにすばらしいプランも、「絶対に実行に移す必要がある」ものでなければ、意味がありませんよね。

では、先ほども登場した「週に1回は部内全員でランチ」という案を例に考えてみましょう。

「本当にこのランチ案を実行に移す必要があるのか」と質問してみると、この案になんとなく賛成している人であれば、「うん、だって今は部内のコミュニケーションがないからムダな作業が行なわれているし、ランチタイムなら別途時間を割くこともないしね。やっぱり必要だよ」と答えてくる可能性が高いと思います。

そこで、質問の仕方を変えてみます。「必要があるのか」ではなく「ランチ案を**実行に移さないと本当に困るのか、それ以外の手段はないのか**」とアプローチを変えるのです。

何かが絶対に必要、ということは、それがないと困る、ということですよね。

そして次に、「本当の目的は何か」考えます。本当の目的が見えてくれば、その目的を果たすための「それ以外の手段」が見つけやすくなります。

「他の手段」が出てきたら、もともとの「案」と比較します。どれがいちばん目的を果たせそうか、どれがいちばん現実的か、考えます。

先ほどの「週に1回の部内ランチ案」が目指している、「本当の目的」はなんでしょうか。「本当の目的」を見抜くときに注意すべきは、「目的を1つに絞る」ということです。目的が複数になる、ということは、方向性も複数になる、つまり、方向性が定まらなくなる、ということです。**欲望が複数重なったプロジェクトは成功しない**、とかつて政府高官の方からうかがったことがありますが、まさにその通りだと思います。

先ほどの「ランチ案」の、1つだけの本当の目的は何かと言うと、それは「部内のコミュニケーションを円滑にすること」です。

「本当の目的」がわかったら、その目的を果たせるような他の手段はないか、考えるわけですが、この段階では、自分の考えを一度保留状態にすることが大事です。今までの考え方や枠にとらわれていると、「他の手段」が見えづらくなる可能性があります。

「部内のコミュニケーションを円滑にする」という目的を果たしたいのであれば、「皆で週1回のランチ」以外の手段も考えつきそうです。たとえばメーリングリストを作る、という案もあり得ます。Ｌｅｓｓｏｎ３で紹介した「1人ブレスト」をしてみると、けっこう色々な案が出てきますよ。

「本当の目的」について考えた結果、他の手段を思いついた、ということは、「週1回のランチ」は絶対に必要だとは言い切れない、ということです。「メーリングリストを作るなどの他の手段もあるのでは」という点を自分の考えにプラスできますね。

「完全根拠リスト」で頭を整理する
――「音声商品企画」の根拠をもう一度考えよう

さて、現実的な未来について考えたあとは、再び「根拠」について考えます。今まで挙げてきた根拠だけで十分だろうか、と考えるのが次なるチェックポイントです。

ここでもまた、「聞くだけで英語力がアップするという、音声商品の企画」を例に説明します。

この企画については、理解も考えも深めた結果、「とりあえず賛成」というところに落ちついていましたね。

賛成の根拠にどんなものがあったかと言うと……

・聞くだけの商品は手軽
・日本のビジネスパーソンには英語が必要
・語彙・文法・ヒアリング力が身につく
・同じような手軽なCD商品はよく売れている

また、この企画に「反対」と言えるだけの根拠は、主にLesson3の「スルーできない人の視点」、「非Aくん」のところで、次のようなものが挙がっていましたね。

・語彙・文法・ヒアリング力がつくだけではビジネスパーソンは満足しない
・X社が出している類似商品との差別化が難しい
・英語教育業界に今さら参入しても勝算はない
・聞くだけで英語力が本当にアップするとは思えない

この反対根拠をLesson3で紹介した方法で検討した結果、「差別化をするためにも、『聞くだけ』というレベルから一歩進んで、交渉・コミュニケーション・アウトプット力も身につくようなものにすればいいのでは」などの考えにいきついていました。「反対根拠」を踏み台にして、さらに自分の考えを深めたわけです。

深まった考えはなかなか複雑になってきていますから、頭を整理するためにも、「完全根拠リスト」として、この時点で一度紙に全部書き出すといいと思います。たとえば、**図4−3**のような感じです。

おさえるべきポイントは、①「自分の基本姿勢（今回の場合は、「CD企画に賛成」）と②その根拠、③提案などの形で補足することがあればその補足事項、④その根拠、です。

今回は「反対根拠」は「提案」の踏み台となっているのでこの紙に書いていませんが、色々検討した結果「反対根拠」が残っているなら、「ネック」などと書いた項目をここに加え、そこに「英語教育業界に今さら参入しても勝算はない」などと反対根拠を書いておくことができます。

当り前過ぎる「根拠」を見直そう

書き出したら、次に「何か他の根拠はないか」、考えます。根拠をもう一度洗いざらい出してみるわけですから、ここでも1人ブレストが有効です。

「こんなこと、当り前だから根拠にはならないでしょ」と思っていたものに目を向けてみたり（例「価格設定が手頃」）、自分と感覚の違う人ならどんな根拠を持ち出すかな、と考えてみると、けっこう「新しい根拠」は出てきますよ。

図 4-3 「完全根拠リスト」(記入例)

基本姿勢

CD企画には賛成

賛成根拠

・聞くだけの商品は手軽
・日本のビジネスパーソンには英語が必要
・語彙・文法・ヒアリング力が身につく
・同じような手軽なCD商品はよく売れている

提案(補足)

・「聞くだけ」というレベルから一歩進んで、語彙・文法・ヒアリング力だけではなく、交渉・コミュニケーション・アウトプット力も身につくようなものにすればいいのでは
・類似商品を出している競合会社から訴えられないようにするために、法律的なことは一応クリアしておいたほうがよい
・売れたら海外展開もあり得るかもしれないから、うちの会社が海外展開することが可能かどうか、一応考えておいたほうがいい

この補足の根拠

・差別化をしたい
・語彙・文法・ヒアリング力だけではビジネスパーソンは満足しない
・万が一、訴えられると困る

ネック ※ケースによっては

・今さら参入しても勝算はない

新たに挙がった根拠の中に、「事実」と「意見」の区別における「意見」が含まれている場合は、Ｌｅｓｓｏｎ３でやったように、それを「事実」レベルまで掘り下げておきます。

たとえば「ロングヒット商品になる見込みがある」という根拠を思いついたとします。これは「意見」ですから、根拠は何か、考えます。それがたとえば「英語教材で本当にいいものは10年、20年と売れ続けるものが多い」（事実）だったとします。このように根拠を「事実レベル」まで掘り下げたら、その「事実」も含めてすべて先ほどの紙の〈賛成根拠〉の箇所に書き加えておきます。

そして、この完全根拠リストをさらにふるいにかけるのが、次のチェックポイント、「暗黙の前提」がないかどうかです。

暗黙の前提はないか
――「なんかしっくりこない」の犯人を探せ！

人の意見にはたいてい、背景や思い入れ、葛藤、本人にとっては当り前だからこそあえて口にしない前提など、目には見えない多くのものが含まれています。

この中で特に見えづらいのが、前提です。背景や思い入れ、葛藤は、よい質問をしていくうちに見えてくることがけっこうありますが、前提は、本人にとっては当り前のことだからこそ、見えづらいのです。

このような前提のことをクリティカル・シンキングなどでは「暗黙の前提」と呼びます。

では、暗黙の前提はどうやって見抜けばよいのか。これから説明します。

暗黙の前提を見抜くために「根拠と結論」を図式化する
──「ヒアリング力が伸びると総合的な英語力も上がる」？

さて、他人あるいは自分の意見の中に隠れた「暗黙の前提」を見抜くときは、意見を一度、〈根拠〉部分と〈結論〉部分にばらして図式にしてやるとわかりやすくなります。

「ヒアリング力が伸びた人はＴＯＥＩＣスコアも上がった」というデータを見て、「ヒアリング力が伸びると総合的な英語力も上がる」と解釈した専門家の話、覚えていますか。

この専門家の意見は「結論」（「ヒアリング力が伸びると総合的な英語力も上がる」）と「根拠」（「ヒアリング力が伸びた人はＴＯＥＩＣスコアも上がった」）とに分けることができます。

そして、これを図式化すると、左のようになります。

〈結論〉 ヒアリング力が伸びると総合的な英語力も上がる

なぜならば⇦　⇨故に

〈根拠〉 ヒアリング力が伸びた人はTOEICスコアも上がった

ここで、この〈根拠〉が本当にこの〈結論〉を導き出すのか、と考えてみます。

右にあるように〈結論〉と〈根拠〉の間に両方向の矢印を書いて、それぞれ「なぜならば」、「故に」と書くと、結論と根拠の関係が見えやすくなります。

「なぜならば」の矢印、つまり〈結論〉⇩〈根拠〉のロジックはすんなりと納得のいくことが多いです。

「ヒアリング力が伸びると総合的な英語力も上がる」
なぜならば、
「ヒアリング力が伸びた人はＴＯＥＩＣスコアも上がった」から

と読むと、「ふむふむ」と納得しそうになりませんか。

次に、「故に」の矢印、〈根拠〉⇩〈結論〉のロジックを見てみます。

「ヒアリング力が伸びた人はＴＯＥＩＣスコアも上がった」、
故に、
「ヒアリング力が伸びると総合的な英語力も上がる」

すんなり納得、ですか。それとも、納得できない？

よくわからないなぁ、という場合には、「Ａという状況（根拠）だけを見て、Ｂと結論づけることはできるだろうか」という具合に考えてみるといいと思います。

今回の場合なら、次のように考えればいいわけです。

「ヒアリング力が伸びた人はＴＯＥＩＣスコアも上がった」という状況だけを見て、

⇩

「ヒアリング力が伸びると総合的な英語力も上がる」と結論づけることができるだろうか

どうでしょうか。なんだか釈然としませんよね。だって、ヒアリング力が伸びれば、その分だけスコアも上がるかもしれないですよね。〈根拠〉と〈結論〉の間にギャップがあることを感じます。

釈然としない部分に「暗黙の前提」が隠れている

このように「釈然としない」という感覚があるときは、たいてい、そこに暗黙の前提が隠れています。暗黙の前提というのは、要するに、根拠と結論の間にあるギャップを埋める「一言」のことなのです。

そこで今度は、「ヒアリング力が伸びた人はＴＯＥＩＣスコアも上がった」、故に「ヒアリング力が伸びると総合的な英語力も上がる」と言えるためには、どんな「暗黙の前提」、つまり「一言」があれば納得できるのか、考えてみます。

先ほどの図式を見ると、TOEICスコア＝総合的な英語力、とこの人は考えているのだな、ということがわかりますよね。つまり、「TOEICは、総合的な英語力を計るための効果的な物差しだ」という「一言」が隠れているわけです。そこで次に、**果たしてその前提は正しいと言えるのか**、考えます。

その暗黙の前提が「正しい」、「正しくない」と言うためには、やはり根拠が必要です。「この前提は正しい（あるいは正しくない）」と言うのも「意見」ですから。

ここで、「暗黙の前提を探すためのプロセス」をおさらいしておきましょう。

① 「意見」を、〈結論〉部分と〈根拠〉部分とに分けて、両者の間に「なぜならば」矢印と「故に」矢印を引く（142ページ参照）
② 〈結論〉なぜならば⇩〈根拠〉というロジックはOKか、チェックする
③ 〈根拠〉故に⇩〈結論〉というロジックはOKか、チェックする
④ ②と③のロジックがOKな場合、この「意見」は正当、と言える
⑤ ③のロジックが釈然としない場合は、暗黙の前提を探す
⑥ その暗黙の前提は正しいと言えるのか、根拠を考える

賛成の根拠にある「暗黙の前提」を検討しよう

では、先ほど紙に書き出した、「ＣＤ企画に賛成する根拠」について、見ていきます。「この企画に賛成」という〈結論〉と、先ほど紙に挙げた「賛成の根拠」の間に暗黙の前提が隠れていないかどうか、検討します。

１人ブレストを経てリストアップされた「賛成の根拠」は次のようなものになっていました。

・聞くだけで手軽
・日本のビジネスパーソンには英語が必要、と感じている
・語彙・文法・ヒアリング力が身につく
・同じような手軽なＣＤ商品はよく売れている
・価格設定が手頃
・著者として予定しているＴ大の准教授はビジネスパーソンに人気がある
・ロングヒット商品になる見込みがある（英語教材で本当にいいものは10年、20年と売れ続けるものが多い）

図4-4 「暗黙の前提」を見つける

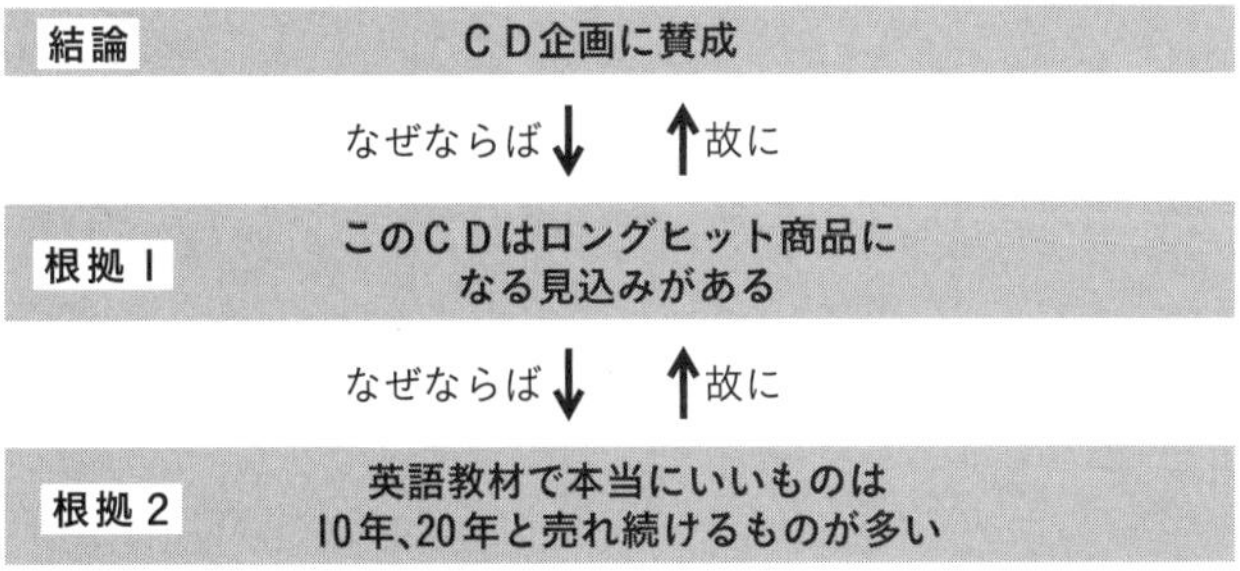

「このCD企画に賛成」という結論と「賛成の根拠」を、1つ1つ検証していくのですが、ここではとりあえず、「ロングヒット商品になる見込みがある（英語教材で本当にいいものは10年、20年と売れ続けるものが多い）」という〈根拠〉を例に考えてみます。

まず、「ロングヒット商品になる見込みがある（英語教材で本当にいいものは10年、20年と売れ続けるものが多い）」という根拠の部分を図式化してみます。今回は根拠が2段階に分かれているので、図式化すると**図4－4**のようになります。

このように**根拠が2段階になっている場合は、〈結論〉と〈根拠1〉の関係をまず**

検討し、続けて〈根拠1〉と〈根拠2〉の関係を見ます。〈根拠1〉と〈根拠2〉との間では、〈根拠1〉が「結論」の役割を果たします。

それでは、〈結論〉なぜならば⇩〈根拠1〉の関係を見てみましょう。「CD企画に賛成」なぜならば「ロングヒット商品になる見込みがある」から。問題がないように思えます。

では、〈根拠1〉故に⇩〈結論〉の関係はどうでしょうか。「このCDはロングヒット商品になる見込みがある」故に「CD企画に賛成」と言えるでしょうか。どうやらよさそうですね。つまり、〈結論〉と〈根拠1〉の間には暗黙の前提はないということになりますから、この2つはとりあえずOKです。

次に、〈根拠1〉と〈根拠2〉の関係を見てみます。ここでは、〈根拠1〉が「結論」の役割を果たしているので、〈根拠1〉なぜならば⇩〈根拠2〉についてまず見てみます。「このCDはロングヒット商品になる見込みがある」なぜならば「英語教材で本当にいいものは10年、20年と売れ続けるものが多い」から。この時点で「あれ?」と思った方も、思わなかった方も、続けて〈根拠2〉故に⇩〈根拠1〉についてチェックしてみましょう。「英語教材で本当にいいものは10年、20年と売れ続けるものが多い」故に「このCDはロングヒット商品になる見込みがある」となるでしょうか。

釈然としませんね。つまり、暗黙の前提が隠れているのです。そこで、暗黙の前提を探してみます。自分の暗黙の前提を探すのは、難しいものです。前提が自分の一部になってしまっていることも多く、前提があるということすら気づきづらいですから。

自分の論理の影に潜む前提を探す場合は、先ほども書いたように、暗黙の前提とは「根拠と結論の間にあるギャップを埋める一言」だ、ととらえるといいと思います。

子どもに説明するつもりで考えると「前提」が見えてくる

暗黙の前提を探すときは、小さな子どもに説明するつもりになると、けっこう簡単にできると思います。

子どもは知識や経験が少ないので、説明するときに、「これは言わなくてもわかるよね」という風に前提を省略してしまうと、理解できなくなってしまうからです。

たとえば、「信号が赤なんだから渡っちゃダメ！」というメッセージを伝える場合、小さな子どもにきちんと理解させるためには、「信号が赤でしょ、信号が赤だと車が来るから危ないでしょ、だから渡っちゃダメ」という言い方をします。これを図式化すると、

信号が赤（根拠）⇩信号が赤だと車が来るから危ない（暗黙の前提）⇩故に「渡っちゃダメ」（結論）

となります。暗黙の前提を探すときは、相手が大人なら「そこまで説明しなくたってわかるよ」と言われそうな一言（暗黙の前提）を、このような感じで復活させてやればいいのです。

先ほどのＣＤ商品の賛成根拠に話を戻します。「英語教材で本当にいいものは10年、20年と売れ続けるものが多い」故に「このＣＤはロングヒット商品になる見込みがある」というロジックに、「そこまで説明しなくたってわかるよ」と言われそうな一言を復活させるとどうなるでしょうか。

先ほどと同じように図式化してみます。

英語教材で本当にいいものは10年、20年と売れ続けるものが多い（根拠）

⇩

このＣＤは「本当にいいもの」のはずだ（暗黙の前提）

⇦

故に、このＣＤはロングヒット商品になる見込みがある（結論）

そして最後に、**その暗黙の前提は正しいと言えるのか、根拠を考えます。**

「このＣＤは『本当にいいもの』のはずだ」は正しい前提と言えるでしょうか。まだでき上がっていない商品を指して「本当にいいもの」と言い切ることはできませんから、この前提はおかしいですね。１つでも「正しくない前提」がある場合は、そこに論理の「穴」があるわけですから、この「結論」部分、つまり「このＣＤはロングヒット商品になる見込みがある」という賛成根拠は「正当ではない」ということがわかります。

なお、暗黙の前提が隠れていること自体には、問題はありません。しかし、その前提がもしも正しくないものだとしたら、意見全体に説得力がなくなってしまいます。そこで、暗黙の前提がないかどうか確かめた上で、それが正しいかどうか検討することが大事なのです。

あらためて「音声商品企画」の目的を意識する
――木を見て森を見ず、にならないために

さて、ここで再び「目的は何か」と問い直してみてください。これが、説得力のある意

見を作るためのプロセスの、最後の仕上げポイントになります。

　1つの物事についてじっくりとあれこれ考えていると、「考え抜くべき対象」の中にどっぷりはまり過ぎて、いちばん大事なことが見えなくなることがあります。「木を見て森を見ず」状態になってしまうわけです。だからこそ、ここであらためて「なんのためにこの件について検討しているのか、『考え抜いている対象』が目指している目的はそもそもなんなのか」を意識する必要があるのです。


　またCD商品企画を例に考えてみましょう。

　その目的はなんでしょうか。新規事業の開拓？　それとも、日本のビジネスパーソンの英語力を本気で底上げしたい、というミッション？

　あなたの意見は、この「目的」を視野に入れた上で意味をなすものでなければいけません。でないと、どんなに考え抜いた、深みのある意見でも、いちばん大事な現実から目を背けたことになってしまいますから。

　そこで、賛成根拠や補足などを書き出した先ほどの紙に、「目的」を書き加えます。ここでも、**目的は1つに絞ってください**。そして、目的は最初のほうにどどーん、と赤字などで書いてみてください（**図4－5**）。

図 4-5 「完全根拠リスト」(完全版)

この商品をなぜ世に出すのか、その目的

日本のビジネスパーソンの英語力を本気で底上げしたい

基本姿勢

ＣＤ企画には賛成

賛成根拠

・聞くだけの商品は手軽
・日本のビジネスパーソンには英語が必要
・語彙・文法・ヒアリング力が身につく
・同じような手軽なＣＤ商品はよく売れている

提案(補足)

・「聞くだけ」というレベルから一歩進んで、語彙・文法・ヒアリング力だけではなく、交渉・コミュニケーション・アウトプット力も身につくようなものにすればいいのでは
・類似商品を出している競合会社から訴えられないようにするためには、法律的なことは一応クリアしておいたほうがよい
・売れたら海外展開もあり得るかもしれないから、うちの会社が海外展開することが可能かどうか、一応考えておいたほうがいい

この補足の根拠

・差別化をしたい
・語彙・文法・ヒアリング力だけではビジネスパーソンは満足しない
・万が一、訴えられると困る

ネック ※ケースによっては

・今さら参入しても勝算はない

このように目立つように「目的」を書いたら、あとはじっくりとこの紙を眺めます。どうですか、この賛成意見と提案をもって企画を商品化したら、目的を果たせそうですか。基本姿勢が「反対」のような否定的なものの場合は、その反対意見があるからこそ「その目的が達成できない」と言えそうですか。

この最終チェックの段階では、「大体できそうだ（あるいはできなさそうだ）」というざっくりとした答えが出れば、それでＯＫです。その目的が本当に果たせるかどうかは最終的にはわからないのですから。大体の答えが出たら、意見のでき上がり。「目的」を書き入れたこの紙が、「あなたの意見」になります。

A4・1枚でできる、よりよい決断をするための思考プロセス

ここから先は、この本で説明した色々なノウハウがギュッと詰まった、「よりよい決断をするための思考プロセス」を紹介したいと思います（Alec Fisher著 ***Critical Thinking: An Introduction*** にて紹介されていたものをベースにしています）。

手順は全部で5つあります。

① 決断しかねている「行動」を肯定文で書く（例「Y社に転職する」など）

② なぜその行動を起こしたいのか、目的を明確にする

③ その目的を達成するためにはどんな手段があるか、書き出す

④ それぞれの手段がもたらし得る未来を予測し、うまくいった場合といかなかった場合のシナリオを書き出す

⑤「ポリシーに合わない」、「現実的でない」ものを消去する

手順その1　決断しかねている行動を肯定文で書く

A4ぐらいの大きさの紙を用意して、その紙のいちばん上に、どうしようか迷っていること、決断しかねている「行動」を、**肯定文**で書きます。「Y社に転職する」、「留学する」、「自分で事業を起こす」といった感じです。

肯定文で書く、というのは、そのほうが考えやすいからです。たとえば「Y社に転職しない」と書いてしまうと、そこには「今の会社に残る」という選択肢もあれば「今の会社はやめるけれどY社には行かない」という選択肢もあるわけで、何について悩んでいるのか、わかりづらくなってしまいます。

AにしようかBにしようか、複数の選択肢の間で揺れている場合は「私はAをする」という具合に、選択肢を1つ選んで、それをもとに肯定文を作ってください。

手順その2　なぜその行動を起こしたいのか、目的を明確にする

その「行動」はそもそもなんのために起こすのかという**目的**を、先ほど書いた「行動」

の下に書きます。

「理由」ではなく「目的」です。「○○だから」ではなく**「○○のため」**という言葉遣いにしてください。

実はこの「よりよい決断をするための思考プロセス」でいちばん厄介なのが、この目的を絞り込む作業です。

注意点は2つ。

その1、目的を1つに絞り込む（欲望が複数重なったプロジェクトは成功しません）。

その2、自分にウソをつかない。

「私はなんのためにこの行動を起こしたいのか」という、明確かつ正直な目的が必要です。ここで正直な目的を書いておかないと、後々のプロセス自体がムダになってしまいます。

たとえば、「なんのためにY社に転職するのか」の本音アンサーが「妻を喜ばせるため（妻はY社が好き）」だったとします。

このような「本音」の目的に気づいたときに大事なのは、自分を肯定してあげることです。「妻の顔色をうかがうなんて、情けない」などと思わず、自分の正直な気持ちを汲んであげましょう。

手順その3 その目的を達成するためにはどんな手段があるか、書き出す

先ほど紙に書いた「目的」を達成するためにはどんな手段があるのか、考えられる限り、選択肢を書き出します。

「Y社に転職する」の目的がたとえば「もっとお金を稼ぐため」だったとします。「もっとお金を稼ぐ」という目的に到達するためにはどんな手段があるのか、1人ブレストしてみます。

「外資系の金融機関に移る」、「とても給料の高い、友人のベンチャー企業に移る」、「一攫千金を狙って宝くじを買う」など、紙に書き出していきます。

この段階ではとにかく、頭を柔軟にしてたくさんの選択肢を出すことが大事です。

なお、最初の「行動」のところで書いたもの（Y社に転職する）も、もちろん選択肢の1つになりますので、他の手段と一緒に書き出しておきます。

手順その4　それぞれの手段がもたらし得る未来を予測し、うまくいった場合といかなかった場合のシナリオを書き出す

Lesson4の最初に説明した「未来の予測」と同じように、うまくいった場合のシナリオとうまくいかなかった場合のシナリオを、現実的な目で書き出します。

「外資系の金融機関に移る」という選択肢であれば、「移ったものの、仕事内容が好きになれずにやめてしまう」（うまくいかなかった場合）、「稼ぎが今の倍以上になる」（うまくいった場合）など。

最初の「行動」で書き出したもの（Y社に転職する）についても、もちろん両方のシナリオを考えます。

あとから「こんなはずじゃなかった」と後悔しないために、きちんと未来を予測してください。

シナリオを複数思いつくようなら、思いつくだけ書き出しておきます。

手順その5　「ポリシーに合わない」、「現実的でない」ものを消去する

手順の3と4で書き出した「手段」、「シナリオ」をじーっと眺めて、「自分のポリシー

図 4-6　A4・1枚決断シート（記入例）

決断しかねている行動

Y社に転職する

目的

~~自分の実力を発揮させるため~~ → **今の職場でもできなくはないなぁ**
~~社会貢献のため~~ → **本当にそれだけ？　きれいごと？**
~~妻を喜ばせるため~~ → **もっとお金を稼ぐため**

目的を達成し得る手段

	うまくいった場合	うまくいかなかった場合
外資系の金融機関に移る ✕	稼ぎが今の倍以上になる	金融は苦手分野なので仕事内容が好きになれずにやめてしまう 英語ができずにノイローゼになる
友人のベンチャー企業に移る ✕	お金が儲かる	友人との仲が悪くなる →友人との関係は大切にしたいので×
起業する	お金が儲かる、 上司に気を使わないですむ	家族に迷惑がかかる →家族を大切にしたいので× →でも迷惑がかかるのは一時的
Y社に転職	やりたい仕事で稼げる →うまくいかなくても失うものはないかも！	転職したことを後悔 →でもY社ならガマンできる？

に合わない」、「現実的とは思えない」、「こんなシナリオにはとうてい対処しきれない」というものを消去していきます。

するとたいてい、選択肢は2、3個ぐらいに絞られます（図4－6）。

手順1で書いた「行動」が最終的な選択肢として残ることは多いと思いますが、ここでは、その「行動」と他の選択肢とを見比べて、どれが自分にいちばん合っているか、考えます。

どれが自分にいちばん合っているかどうかは、最終的には好みで決めていいと思います。

ここまで、十分に考え抜いていますし、また、どんなに客観的に見て「正しい」選択肢でも、自分が「好き」と思えない選択肢は、行動に移しづらいと思います。

まとめ　未来の視点で現実的な選択肢を手に入れるための、やることリスト

□**先の予測をする手順**

①その案の「うまくいった場合」と「いかなかった場合」のシナリオを想定する
②それぞれのシナリオのために、何か手を打つべきことはあるか、考える
③その行動は実行可能なのか考える
④その行動は、今、しておくべきことかを考える

Lesson

5

上手に「意見を交換する」ために欧米人が持っているルール

Lesson 5

「批評・反論」を自分のものにする授業 ～peer review～

先生 「みんな、ジョンの書いた『理想のリーダー像』という作文を読み終えたかな？
じゃあ、ジョンの作文の内容について、みんなから質問や意見を聞いていこうか」

生徒 「『理想のリーダーは何よりも、自分のことを大事にしなければいけない』ってあるけど、ジョン、これってどういう意味？
自分さえよければいいっていう風に読めるんだけど」

ジョン 「そういう意味じゃないんだ。
リーダーはみんなのために働かなくちゃいけないでしょ、
でも、病気だったり自信がなかったりすると
みんなのために働くことなんてできないから、
みんなのことを考えるのなら、

まずは自分をしっかり持つべきだっていうことなんだ」

生徒 「じゃあ、今説明してくれたことを
書いたほうがいいと思う。
これだと誤解されちゃうよ」

ジョン 「そっか。ありがと」

生徒 「私はすごくおもしろいと思った。
色々な例も出てくるし。
でも、最初のところは
ちょっとわかりづらいから、
工夫するといいと思う。たとえば……」

反論されたときのルールを知ろう
――「意見」をイノベーティブなものにするために

前ページの「ある教室でのやりとり」の中で、子どもたちが行なっているのは、peer review（「相互評価」の意）と呼ばれるものです。peer reviewとは、友だちの作文や発表の内容について互いに批評したり意見交換をすることです。自分の意見を持つことが当り前とされている欧米などの学校では、色々な授業でpeer reviewが活用されています。

意見交換、その上、批評……などと聞くと、苦手意識を持つ方もいらっしゃるのではないでしょうか。

ここであらためて思い出していただきたいのは、Ｌｅｓｓｏｎ１でお話しした、「日本には、意見を言い合う文化があまり根づいていない」という点です。察し合うことを重んじる日本語文化においては、意見を言い合ったり戦わせたりするということは、「当り前の行為」とは言えません。日本語で交わされるディスカッションの場では、誰かの意見に対して質問や反論をすることは比較的めずらしいのではないでしょうか。

つまり、私たちは、意見を言ってもなんとなくスルーされることには慣れているけれど、反論されたり、質問や疑問を投げかけられることにはあまり慣れていないんですね。だから、反論されたり疑問を投げかけられたりしたときにどう対処すればいいのか、というルールが、日本人の身体にはあまりしみ込んでいない、と思うのです。

英語文化に根づいている「意見を戦わせるときのルール」

一方で、英語文化は、積極的に意見を言い合ったり質問し合ったりする文化です。英米人の会話を聞いていると、好き嫌いなどの個人的な話題から社会問題に至るまで、とにかく自分の意見を言い、相手の意見に批判や反論を加えながらお互いに満足感を得ている——そんな感じがします。何もいちいちそんなに熱く議論しなくてもいいじゃない、と言いたくなることもあるほどです。

でも、彼らはこのような日常を通して、ある2つの大事なことを確実に手に入れているのだと思います。

1つは、質問や反論をしながら意見を戦わせると自分の意見は高まる、という実感。

そしてもう1つは、「意見を戦わせるときのルール」です。

164ページの授業風景で子どもたちが行なっていたpeer reviewは、言ってみれば、意見を戦わせるという、欧米人にとっては当り前の作業をバージョンアップさせているだけなのです。だからこそ、子どもたちは特別「意見を戦わせるときのルール」を教わらなくともスムーズに意見交換ができるし、批判めいたことを言われても淡々と対処できるのです。

私たち日本人も、「意見を戦わせるときのルール」がわかっていれば、議論の達人に近づいていけると思います。

TEDで行なわれる「peer review」

TEDという、世界トップレベルのプレゼンの舞台をご存知ですか？　この舞台でプレゼン（「TEDトーク」と呼ばれる）を行なうのは、ideas worth spreading（広める価値のあるアイデア）を持つ人々。これまでに、故スティーブ・ジョブズ氏やクリントン元米大統領、茂木健一郎氏などの各界著名人や「ちょっと変わったこと」をしている人たちが

ＴＥＤトークを行なってきました。

その精神を受け継いで、２０１２年に東京で初の教育関連イベント（TEDxTokyo Teachers）が行なわれたのですが、ここで私もトークを披露する機会に恵まれました（私のＴＥＤトーク［英文］は、It's Thinking Time というタイトルで You Tube にてご覧いただけます）。

ＴＥＤには「ＴＥＤキュレーター」という名の、凄腕の裏方軍団がいます。彼らの任務は、各スピーカーのトーク内容をとにかくよりよいものにすること。スピーカーたちは彼らに事前にトーク原稿を提出し、フィードバックをもらい、それをもとにどんどん内容を磨いていきます。要するに、スピーカーは、キュレーターたちに peer review 的なことをしてもらうわけです。

「聴衆はこんなことはわかりきっているから、この箇所は全部カット」、「ここはもっと具体的に」、「こんなにスライドに文字を入れ込んだら、聴衆はあなたのトークを聞くことをやめて、スライドを読み出すよ」、「話をもっと未来につなげるように」……。

私がキュレーターたち（英米人）からもらったフィードバックの中には、最初は自尊心が傷つくようなものも正直ありました。でも、冷静になって考えてみると、どれも的を射たものばかりなんです。批判的なコメントほど、自分の原稿や意見を高めてくれる良薬はない、とこのとき実感しました。

意見を練り上げるには、他の人の意見が大事なのです。

さて、これまで作り上げてきた皆さんの「説得力のある意見」を、いかにきちんと伝えることができるか。いかに、他人からのフィードバックを良薬として自分の中に取り込むことができるか。そして、自分の意見をさらに進化させて、いかにイノベーティブなものへと持っていくことができるか——そのための「ルール」を紹介したいと思います。

欧米人から学んだ「意見を交換する」ルール

議論や意見を言い合うことに慣れている欧米人（特に英米人）から学んだものをベースに、私が試行錯誤の末、まとめた14のルール。それを紹介します。

1〜5は意見を言うとき、6〜8は反論されたとき、9〜14は反論に言い返すときのものです。

意見を「言う」ときのルール

【ルール1】　この世に絶対的な正しい意見などない、と心得る

×「自分の意見は間違ってるかもしれないから、言わないでおこう……」

○「私はこう思います」（色々な意見があって当り前、だから言おう）

考え抜いた意見なのだから自信を持たなくちゃ、と思っても、それでも言うときは緊張することもあると思います。

そんなとき、自分に言い聞かせてあげてほしいのが、**この世に絶対的な正しい意見などないんだ**、ということです。

日本で生まれ育った人は何かについて考えたり語ったりするとき、知らず知らずのうちに「どこかに正解があるはずだ」と思う傾向があるようです。

でも、意見には「絶対解」などというものはありません。意見はそれぞれの人が自分で考え出すものです。人間が頭の中で考え出すものである以上、1人1人の意見はそれぞれ違っていて当然です。

ですから、意見を言うときには「間違っているかもしれないんですけど……」などと思わないでください。そして、そのようなことを言わないでください。「間違った」意見というものは「正解である意見」が存在して初めて成り立つものです。大方の人が賛成（または反対）する意見、というものはあるかもしれませんが、「正解」としての意見など本来ないのです。

Lesson3でも書きましたが、誰かがあなたとは違う意見を言ってきたとしても、「自分はダメなんだ」とは思わないこと。相手の意見は自分の意見の肥やしですよ。

　このルールは、意見を伝えるときの原則中の原則とも言える姿勢です。議論をするときにもとても重要になってきますから、まずは、しかと胸に留めておいてくださいね。

【ルール2】　相手にとってわかりやすい言葉と流れで

×　「2つのバージョンを作って、それぞれの効果を測定するテストをします」

○　「スプリットテストをします」

　意見を伝えるという行為は、相手が理解してくれて初めて成り立つものです。だから、意見を伝えるときには相手目線に立って、「どんな言葉を使えば、もっとわかってもらえるのか」、「どのような流れだと理解しやすいのか」を常に意識する必要があります。

　基本的にはやさしい言葉や表現を使うことを心がけるべきだとは思います。しかし、いつどんな場合にも難解な専門用語は使わずにやさしい言葉を使うのがよいかというと、そんなことはありません。

たとえば、「スプリットテスト」という言葉を聞いたことがない人に対しては、「スプリットテスト」ではなく、「AとBという2つのバージョンを作ってそれぞれの効果を測定するテスト」と言うか、「スプリットテスト」の説明を加えればよいと思います。でも、「スプリットテスト」という言葉を当り前のように使っている人が相手である場合は、「スプリットテスト」とスパッと言ったほうがわかりやすいはずです。

相手の職業や知識、背景などに応じて、いちばん理解してくれやすいベストな言葉や表現を選べばよい、ということですね。

また、すっきりした流れで話すことも重要です。

たとえば、「聞くだけで飛躍的に英語力がアップする音声商品企画」に関してあなたが意見を言うときに、次のような順序で話したとしたら、相手はどれだけあなたの意見を理解できると思いますか。

「聞くだけの商品は手軽で、同じような商品もよく売れています。この企画によると、聞くだけで語彙も文法もヒアリングも身につく、ということですが、差別化のためには、交渉力やコミュニケーション力、アウトプット力も習得できるようなものにするのがいいかと思います。日本のビジネスパーソンに英語力は必須ですし。やはり、この企画には賛成

です」

このような流れは相手の立場に立った話し方、とは言えません。根拠（「聞くだけの商品は手軽だし、同じような商品もよく売れています」）を話したかと思うと、提案（「交渉力やコミュニケーション力、アウトプット力も習得できるようなものにするのがいい」）と言ってみたり、また根拠（「日本のビジネスパーソンに英語力は必須」）に戻って、最後にやっと結論（「この企画には賛成」）が出てくる……というグチャグチャな流れになっています。これでは相手は話についてきてくれません。

相手に何か大事なことを伝えるときは、話す内容をそれぞれ「かたまり」に分けて、そのかたまりごとに話をすると聞きやすくなります。先ほどの例であれば、結論⇩根拠⇩提案、という3つのかたまりをベースに流れを作ります。

「この企画には賛成です【結論】。なぜなら、聞くだけの商品は手軽で、同じような商品もよく売れていますし、日本のビジネスパーソンに英語力は必須です【根拠】。ただ、差別化する必要があるので、語彙や文法、ヒアリングだけでなく、交渉力やコミュニケーション力、アウトプット力も習得できるような商品にするのがいいかと思います【提案】」

こちらのほうが、先ほどよりもぐっとわかりやすいですよね。

さて、先ほどの「わかりやすい流れ」の例では、最初に結論を持ってきましたが、これには理由があります。結論を先に言わないと、聞いている人は話の先が見えないので、「この人ところで何を言いたいの？　まだあとどれくらい聞いてなくちゃいけないの？」とストレスを感じかねません。人間はストレスを感じてしまうと、理解がにぶります。言葉にしても流れにしても、とにかく相手にストレスを与えないことが大事なのです。

この「相手にストレスを与えないように話す」という気づかいがあるからこそ、次のルール3が重要になってきます。

【ルール3】　これから話す内容の「マップ」を示す

×　「○○という理由から、△△だと思います。それに、XXという理由もありますし、□□ということもあって……」

○　「これから根拠を6つあげます」

議論に慣れている英米人がよくやる方法の1つに、これから話す内容の「マップ」（話のアウトライン）を最初に口頭で示す、というものがあります。このような「マップ」を示すと、自分の話をよりスムーズに理解してもらうことができるのです。

ルール2で「かたまりごとに話す」ことの重要性に触れましたが、ルール3でお伝えする「マップ」というのは、この「かたまり」をいちいち口に出すことによって話の全体像を見えやすくしてあげる、というものです。

たとえば、「英語力が飛躍的にアップする音声商品企画」について、「賛成」という意見を言おうとしていたとします。「賛成」と言えるだけの根拠は全部で6つあり、提案したい点が3つあります。

このような内容の「マップ」を口頭で表わすのであれば、次のような言い方ができます。

「私はこの企画については賛成なのですが、その根拠は6つあります。まずはその根拠からお話しして、それから、この件について提案したい点を3つ、お話ししたいと思います。まず、根拠ですが、1つめは……2つめは……（中略）根拠については以上です。次に、提案したい点を3つ、述べたいと思います。まず1つめは……」

口頭による「マップ」を示すときのポイントは、178ページ**図5－1**のようになります。

この流れで話されると、聞いているほうは、話の「マップ」を見せてもらっているような気分になり、安心できます。「なるほど、根拠は6つあって、提案が3つあるんだな」、「今は6つある根拠のうち、3つめを聞いているんだな」と話の全体が見えやすくなり、

図5-1 話のマップを作るポイント

話の全体的な流れ（結論→根拠6つ→提案3つ）を述べる

例 「私は賛成です。まずはその根拠を6つお話しし、さらにはこの企画に対する提案を3つ、させていただきます」

↓

これから「何を」話すのか、
ということをいちいち事前に紹介する

例 「まず、根拠についてお話しします。1つめは……2つめは……」

↓

1つの「かたまり」（例「根拠」）をすべて述べ終わったら、
このかたまりについては以上だ、と明確に言う

例 「根拠については以上です」

↓

次の「かたまり」（例「提案」）に移る旨、告げる

例 「次に、提案したい点を3つ、述べたいと思います」

「この話はどこに行きつくんだろう、いつまで続くんだろう」というストレスを感じないですみます。つまり、それだけあなたの話（意見）を理解することに集中できるのです。

【ルール4】 大事な箇所は表現を変えながらくり返して

× 「コミュニケーション力が身につくような商品を提案します」（大事な部分を一度しか言わない）

○ 「コミュニケーション力が身につくような商品を提案します……コミュニケーション力を習得できる商品を作ることが大事だと思います」

そこそこの長さの意見を口頭で伝える場合は、聞き手の集中力が途切れるかもしれない、ということもわかっておいたほうがいいと思います。

どんなにわかりやすい表現と流れを使っても、「話す内容のマップ」を示してあげても、相手の集中力が切れることはあるのです。急に時間が気になったり、お腹が空いて集中できなくなったり、あなたが発した言葉から何か別のことを連想するなど……人間ですから、他のことに気を取られることだってあります。

私たちは何かほかのことを考えている間は、他人の話をきちんと聞けなくなります。そして、聞き手がそういう状況に陥る可能性もある、ということを考えると、重要なポイントは繰り返して言ったほうが無難だ、ということになります。

しかし、同じ文を単純にくり返すと、（中には集中力を切らさずに聞いている人もいますから）「ちゃんと聞いてるよ、くどいぞ」と思われかねません。ですから、これだけは皆にきちんと聞いて理解してもらいたい、という箇所は、表現を微妙に変えて、あちらこちらに散りばめるとよいのです。

【ルール5】　断定的な口調は避けて

× 「○○ではダメです」
○ 「○○ではダメだと思うのです」

意見は一方的に伝えてそれでおしまい、というものではありません。意見を伝えたら、他の人からフィードバックをもらって、さらなる高みに持ち上げよう、というのが議論や意見を戦わせることのあるべき姿だと思います。

そのためには、意見の発信者が「皆さんからのフィードバックを受け止めたいんです」という姿勢を見せることが、お作法として大事だと思うのです。

どんなに自信のある意見でも、たとえば「これはとてもよい点だと思うのです」という具合に、「思う」という言葉をうまく使ったり、「○○と言えるのではないでしょうか」という風に控えめに打ち出すことはできます。このような話し方は議論を活発化するためにも、思い込みが強いと思われないためにも重要だと思います。

反論されたときに心得ておくべきルール

さて、ここまでは、自分の意見を「言う」ときに気をつけたいルールをお話ししました。続いて、反論されたときに心得ておきたいルールについてです。

【ルール6】 反論＝人格否定、ではない

× 「否定的なことを言われた……あの人は私をダメなヤツだと思っているんだ」
○ 「否定的なことを言われた……なぜあの人はああいうことを言うのかな」

「あなたの意見は、ここがおかしいんだよ」、「君の考えは、どうもねぇ」などと言われたらドキッとしてしまいますよね。

でも、自分の意見に対して誰かが否定的なことを言ってきても、「○○さんは私のことをダメなヤツだと思ってる」とか「私のことを嫌いなんだ」と思わないでください。ましてや、人格を否定されたと思うのはもってのほかです。**誰かが反論してきたとしても、その人が反対しているのは、あなたの「意見」であって、あなた自身ではないはずです。**

意見を戦わせることの少ない日本社会では、「意見」と「発信者」を「同じもの」として見る傾向があるように思います。たしかに「意見」を作った張本人はその発信者なのですが、意見を戦わせるときに、その発信者という人格がいちいち背後霊のようにすべての意見につきまとっていたのでは、その発信者に遠慮してしまって意見そのものをきちんと「味わう」ことができなくなってしまいます。

誰だって、否定的なことを言われたら愉快じゃありません。でも、その否定的な反応は「自分自身」に対してではなく、自分の「意見」に対してだ、と、まずは言い聞かせておくことが大事です。

相手の背景を想像すると「意見と相手」を別物にできる

相手の「意見」と距離を置くように心がけてみると、「意見は意見、発信者とは別物」と割り切ることが比較的スムーズにできるようです。

どのようにするかと言うと、相手が何か否定的なことを言ってきたら、その意見を「観察対象」として眺めて、この人はなぜこんなことを言うのかな、と考えてみるのです。

たとえば、「聞くだけで英語力が飛躍的にアップする音声商品企画」に対してあなたが賛成意見を言ったところ、先輩の1人が「うちの会社で英語教材なんて無理でしょ」と批判してきたとします。

まずはここで、「ああ、やっぱりダメなんだ」とか「あの先輩は私のことを認めてくれないんだ」などとは思わないこと。これが大事な「出発点」です。

この出発点を過ぎたら、次に「あの先輩はどうしてあんな反応をするのかな」と考えてみます。「そういえばあの人は否定的なことをよく言っているな、そういう性格なのかもしれないな」と思ったら、さらに続けて「どうしてそんな性格なのかな」と考えてみます。生まれつき？　よほど嫌なことが過去にあった？　などなど。

手順としては、否定的反応を聞かされる⇩なぜそういうことを言うのか、背景やその人の性格について想像してみる⇩「そういう人だからこその意見」としてもう一度その意見を考えてみる、となります。

この人はどうしてこういうことを言うのかな、と理由や背景を想像してみるということは、その人をより理解しようと努めることにもつながっていくはずです。

そして、「否定的なことを言う相手を理解しよう」ということに意識を向け出すと、相手の発言に怒ったり感情的になったりするためのエネルギーがだんだんなくなっていって冷静になれる……というよい循環が生まれます。

否定的な反応をされたときに冷静さを保つためのエクササイズは、Ｌｅｓｓｏｎ５の最後に紹介します（199ページ）。

【ルール7】 NOは相手からの「質問」だと思おう

× 「それは無理だね」↓「もう、どうしたらいいの！（怒）」

○ 「それは無理だね」↓「なんで無理なのかな？　どうしたら『無理』でない提案になるかな？」

相手の否定的なコメントは、できれば自分の意見の肥やしにしたいですよね。

否定的なコメント、つまりＮＯには、「どうだろうね」、「賛同しかねるな」、「無理だよ」など、色々な表現がありますが、これらはすべて「質問」と解釈するといいと思います。

ＮＯと言われてしまった……と思うと絶望的な感じがしますが、相手は質問してきたんだ、と思うと希望が持てます。つまり、ＮＯと言われたら、「あなたの意見は説得力に欠ける気がするけれど、どう思いますか」という質問だと思ってみるのです。

相手のＮＯを自分の意見の肥やしにするためには、相手はなぜＮＯと言うのか、できればその根拠を尋ねてみてください。「なぜ反対なのですか」という聞き方がキツいようなら、「もう少しくわしいお話をうかがってもいいですか」と言ってもよいでしょう。

あなたの質問に対して相手が根拠をきちんと言ってくれるようなら、メモを取ります。メモを取ることは「相手を尊重している」というメッセージにもなりますし、相手が言ってくることの中に大事な気づきがあるかもしれないからです。ＮＯと言われた直後は気持ちがたかぶっていて相手の「根拠」を受け止められないこともあるかもしれませんが、メモを取っておくと、あとからあらためて読み返すこともできます。そうすれば、相手からのフィードバックを後々自分の意見に反映させることもできますよね。

ＮＯと言われてせっかく愉快じゃない思いをするのなら、その場から何かを学んだほうが得というものです。きちんと相手を尊重するという態度を示すことによって、あなたの株も上がるかもしれません。

【ルール8】 相手の話をさえぎらない

×「いえ、私が言いたいのはそうではありません！」

○（まずは黙って聞いて、自分にも話させてほしいときはジェスチャーをする）

相手が反論してくると、「私が言いたかったことはそうではなくて……」とか「そうはおっしゃいますが」などとつい口を挟みたくなるものです。でも、そこはじっとこらえて。ここでも、相手を尊重することが大事です。あまりに当り前のことを言うようですが、相手の言い分は最後までとりあえず聞きましょう。

人の言うことにツッコミを入れたり質問したりすることが当然であるかのようにふるまう欧米人でも、相手が話している間は原則、聞き役に徹しています。

でも、相手の話があまりに長過ぎたり、これ以上聞き役に徹していると話が変な方向に行きかねない、ということもあると思います。そういうときは、「私も一言付け加えたいのですが」というジェスチャーとして、上半身をちょっと大げさに前に乗り出してみてください（これは欧米人が一言差し挟みたいときによく使うジェスチャーです）。

これでも相手が話を中断してくれないようであれば、手を肩の辺りぐらいまで挙げて、発言権をもらいたい、という意思表示をする方法もあります。

反論への言い返し方のルール

では次に、「反論への言い返し方」のルールについてお話しします。

【ルール9】「わかったつもり」はNG

× 「??（わからないけど、いいや）」

○ 「○○というのは△△ということですか、教えていただけますか」

「わかったつもり」がいかに罪深いか、という話はLesson2の「理解を深める」のところでもしましたが、相手の反論に言い返すときも同じです。

相手の反論の中でちょっとでも「ん？　よくわからないな」と思うところがあったら、必ず質問するように心がけてください。生半可な理解しかしていないのに、たとえば「おっしゃっていることは現実的ではないと思います」などと言い返すのは、いちばんやってはいけないことです。

ここでも鍵となるのは、相手を尊重する、ということです。

言い方にもよりますが、「おっしゃっていることがよくわからないのですが」という表現は戦闘的に響くこともあると思います。

ですからたとえば、**「○○というのは△△ということですか、教えていただけますか」「私がきちんと理解できていないのかもしれないのですが」**というような表現を使うとか、といった表現を入れ込むなど、工夫をしてみてください。

議論の場で相手の発言内容を「わからないけど、まあいいや」と放っておくのは、相手を尊重していないも同然です。議論がきちんと機能しなくなる可能性も十分にあります。

[ルール10]　相手の意見の丸呑みは「尊重」ではない

×「ごもっともです（わかってないなぁ、でも肯定しておこう）」

○「ご指摘ありがとうございます、ちなみに私は……」

相手を尊重するイコール相手の言うことはなんでも受け入れる、ということではありません。たとえば、相手があなたの意見に否定的なことを言ってきて、納得できていないのに「おっしゃる通りです」などと反応するのは「尊重」ではなく、「丸呑み」です。

だからと言って、「あなたはまったくわかっていない、私が言いたいのは……」とやると、今度は相手を尊重しないことになってしまいますね。


では、どうすれば丸呑みせずに相手のことを尊重できるのでしょうか。

ここでも、議論に慣れている英米人のやり方が参考になると思います。

互いに反論し合うことに慣れている彼らは、反論に対処するときの「手順」を持っています。まずは相手の反論を受け止める⇩自分の反論に移る、という手順です。

相手の言い分をまずはきちんと聞き、「ご指摘ありがとうございます」などと敬意を表して受け止める。そのとき、相手の言ったことをきちんと理解できていなければ「○○とおっしゃったのは△△という意味ですか」などと確認する。その上で「私が思いますに……」と言うべきことは言う、というのが理想です。日本の企業などではこの態度を実行に移しづらいことも多いかとは思いますが、そのような精神を持っておくことは大事だと思います。

【ルール11】　相手のペースにのまれないで

× 「君、この間のプロジェクト、そういえば失敗したよね」
「そう言う○○さん、あのプロジェクトには賛成だったじゃないですか」

○ 「君、この間のプロジェクト、そういえば失敗したよね」
「たしかにあのときは失敗しました。でも、今回の件とは関係ありません」

どう考えてもこれはイチャモンではないか、というような反応をしてくる人もいます。「君、この間のプロジェクト、そういえば失敗したよね」、「時期尚早じゃない？」、「うちの社では無理だよ、そんなの」と根拠もなしに批判してくる人……皆さんのまわりにはいませんか。

個人攻撃をしたり、根拠なしに批判をすることは、議論におけるルール違反です。そのようなルール違反を万が一された場合、まずは相手の話を受け止めることが大事です。たとえば、「君、この間のプロジェクト、失敗したよね」などといった、意見とは直接関係のないことであなたを批判する人がいたら、「たしかに私は前回のプロジェクトでは失敗しました。でも、今回の件とそれとは関係ありません」という具合に、相手の反応を受け止めた上で毅然と本題に話を戻す、というのがスマートなやり方だと思います。

いちばんやってはいけないのは、相手のペースにのまれて「あのプロジェクトに関しては○○さん、賛成していたじゃないですか」などと反撃することです。これでは、相手のレベルに自分を下げてしまうことになりかねません。それに、その場で話し合うべきは、あなたが提出した意見についてであって、相手のイチャモンめいた反応についてではありません。こんなときも、感情的にならずに相手のコメントから距離を置くようにすると、相手のペースにのまれることも少なくなります。

そもそも、根拠を言わずに結論だけを言う（たとえば、「うちの社では無理だよ、そんなの」とだけ言って、根拠を言わない）というのは、議論ではしてはいけないことです。

【ルール12】 根拠を聞こう、口に出そう

× 「根拠はなんだろう？ わからないけど、いいや」
○ 「根拠はなんだろう？ 聞いてみよう」

意見を戦わせることに慣れている欧米人が日々実行している「意見を言うときの型」、

それが「結論―根拠」という組み合わせです。

私が以前いた職場では、「これは○○なんです。なぜなら」「私はこう思います。なぜなら」という具合に、「なぜなら」を常に繰り返すイギリス人の同僚がいました。

英米人は「私は○○と思う。Because……」、「△△だよね。Because……」とよく言います。英語で聞いていると違和感がないのですが、日本語に直すと、「いちいち根拠を述べて自分の主張をしている」という響きがします。でも、根拠があれば、「そういう根拠でこの人はこう言っているのか」と相手の言い分を理解しやすくなることも確かです。

もう皆さんもご存知のように、意見というものは、根拠を持ち出すことによって初めて1人前になります。相手が根拠を言って来ない場合は、聞ける雰囲気がある限り、根拠について尋ねてみましょう。

「そうおっしゃる根拠はなんですか」、「なぜそう言えるのですか」という聞き方だと角が立つようなら、質問の仕方を変えてみてもいいかもしれません。

たとえば、「うちの社では無理だよ、そんなの」というコメントの根拠を尋ねたいのなら、**「なるほど、課長はそう思われるんですね。やっぱり会社としてできない理由があるんですか？」**と、相手に同調してから質問する、という手もあります。

【ルール13】　知ったかぶりをしない

× 「想像すらしなかった質問を投げかけられたぞ。適当に答えておこう」

○ 「想像すらしなかった質問を投げかけられたぞ。あとから返事をさせてほしい、と言おう」

自分の意見について質問されたものの答えられない、ということもあります。人にはそれぞれの立場があるのですから、想像もつかないようなことを質問してくる人がいてもおかしくないのです。

たとえば、「聞くだけで英語力が飛躍的にアップする音声商品企画」についてあなたが意見を発表したところ、その場にいた同僚から「これからは中国語の時代だと思う。英語は皆学校で一応学んでいるけれど、日本では、中国語の基礎すら知らない人がほとんどだ。同じ音声商品を出すなら、中国語で出すべきではないか」という意見が出たとします。

もしもあなたが、中国語の今後の需要についてある程度知識を持っているのなら、その知識をもとに答えることができます。しかし問題は、相手の質問がとうてい太刀打ちできないような内容の場合です。

この本でも何度か確認してきましたが、私たちは本来、理解していないものに対して意見を持つことはできないはずです。

ところが、「まったく知らないというわけではないけれど、それほどくわしいわけでもない」ジャンルの質問を投げかけられると、私たちはときとして知ったかぶりをして、適当な答えを言ってしまうことがあります。

質問されたのだから何か言わないとかっこうがつかない、という気持ちはよくわかるのですが、そこはグッとこらえて、「それについては考えていませんでした。調べて、またお返事をさせていただいてもいいですか」と言いたいものです。

【ルール14】 反対するなら代替案を

× 「その意見には反対です」

○ 「その意見には反対です。代替案として……」

最後のルールは番外編とも言えるもので、他の人が意見を披露してきたときに心得ておきたいこと、です。

反対するだけ反対して何も代替案を言わない、という人は意外に多い気がします。でもこれは、議論のマナーからすると好ましくないことです。

欧米人、特にアメリカ人と話をしていると、よく、「私の案に反対って言うのなら、他にどんな案があるの?」とせまられることがあります(今日のランチはどこに行くか、というレベルの話でもこのように切り返されることがあります)。

たとえば友人が「中華に行こう」という案を出してきたけれど、あなたが「中華? 嫌だよ」と反対したまま、代替案を出さなかったとします。となると、中華にも行けないし、代替案も出ていないからどこにも行けない。これでは、話が先に進まなくなってしまいますよね。

皆さんが誰か他の人の意見を聞く側になって、もしもその意見に反対したいのであれば、なるべく代替案を言うように心がけてください。

代替案を出すということは、建設的に反論する、ということです。最初に出された意見と代替案とを比較検討して、意見をさらによいものに深めていく。これが、議論の理想型だと思います。

また、相手の意見に賛成する場合も、どこにどう賛成できるのか、具体的に言ってあげてください。「とてもよいと思います」とだけ言ってすませてしまうパターンが日本人には多いように感じますが、具体性に欠ける賛成コメントは、「適当に流している」ことの現われにも見えますし、お世辞ととられてしまう可能性もあります。それに、言われた人にしてみれば、どこがどうよかったのかがわからず、今後の参考にもなりません。

意見に「責任を持つ」覚悟

以上で「意見を交換するためのルール」は終わりますが、最後に、1つお話ししておきたいことがあります。

それは、意見を言うときは、自分の意見がたとえどんな結果を引き起こそうとも、その責任を負う覚悟を持つ、ということです。

これは、「自分の意見」を持つことを目指す人なら、常に頭のどこかに置いておくべき大原則だと思っています。

「自分の意見」という感覚が私の中でまだあいまいだった頃、私はアメリカ人の友人たちからよく「覚悟」について尋ねられたものです。

「そういう意見を持つのはあなたの勝手だけど、その意見を直接相手に言える？　言ってもしも何かとんでもないことが起きたとしても、責任を負う覚悟はできているの？」と。

これは、意見を伝える直前に「自分は本当にその意見でよいと思っているのか」ということをチェックできる、非常に有用な問いかけだと思います。

アメリカ人の友人たちは普段は何気なく意見を口にしているように見えて、実はその陰には「私の意見が何かよからぬことを引き起こしたとしても、すべてを受け止めよう」という覚悟があったのだ、と気づいたときはびっくりしました。

もちろん、彼らだっていつも覚悟を意識しているわけではないと思います。でも、大事な意見の場合には覚悟を持つ、というその態度に、彼らの「意見」というものへの思い入れを見た気がしましたし、よい意味での「自己責任」を感じたものです。

考え抜いたからこその「自信」を持とう

では、自分の意見に責任を負う「覚悟」とは具体的にどういうことなのか。例を挙げて説明しましょう。

あなたが、「給料を上げてほしい」と上司にかけあおうかどうしようか迷っていたとします。最近、業務成績がよく会社から賞までもらっているのに、それに見合った給料をもらっているとは思えないからです。「このままだと仕事へのモチベーションまで下がってしまう。勇気を出して言ってみようか……」。

さて、「給料を上げてほしいんです」と上司に言えば、あなたの気持ちはすっきりして、めでたく昇給となるかもしれませんが、もしかしたらうやむやにされるかもしれないし、「君、本気で言ってるの？」と鼻であしらわれるかもしれない。あるいは、まわりの人たちから「あいつは金にうるさい」、「賞を取ったからっていい気になって」などと言われるかもしれません。

この場合、それでも「給料を上げてほしいんです」と言いたいと思うかどうか、ということが大事なポイントです。大人たるもの、責任が持てないような発言、つまり覚悟を持てないような発言は本来してはいけないのです。

では、そのような覚悟はどうすれば持つことができるのかと言うと、1つには、自分の意見に自信を持つことです。これはもちろん、いたずらに「自分の意見は正しいのだ」と偉そうに構えることではありません。考え抜いたからこその自信を皆さんには持ってほしいのです。ここまでこの本で紹介したようなプロセスを経て考え抜けば、「よくがんばって考えたなぁ、自分、偉いぞ」と自信を持ってしかるべきなのです。

「冷静力」をつけるためのエクササイズ

議論でいちばん重要で、しかも難しいのは、いかに冷静でいられるかだと思います。冷静さを失ってしまっては、せっかく苦労して考え抜いた意見も台無しです。

そこでご紹介したいのが**「冷静力をつけるためのエクササイズ」**です。

職場でも、プライベートでも、誰かに批判・反論めいたことを言われてカチンとくることってありますよね。

そのような場面に出くわしたら、このエクササイズを実行するチャンスです。以下の手順に従ってエクササイズをやってみてください。

①自分とは違う考えを持つ人のことを「変な人」と思ったり、「私が悪いんだ」などと

価値づけしない

②「この人はなぜこういうことを言うんだろう」とその人の立場に想像をめぐらせる

②については、次のような方法で行ないます。

・よく知っている人なら

この人ってこういうことをいつも言うタイプ・性格だったかな？ このような性格になった背景には何があり得る？ という具合に想像していく

・性格などをよく知らない人なら

こういうことを言う背景には何があり得る？ どんな人生を歩んできたのかな？ など、その人の立場をできる限り想像してみる

できる限り想像しても、その人の「立場」は最終的に見えてこないかもしれません。それでもいいんです。このエクササイズの目的は、カチンと来た気持ちを、なるべく冷静なレベルに戻してやることですから。

このように想像していくと、「怒る」とか「落ち込む」ということに使われるエネルギーが「想像する」ほうに使われていくので、冷静になりやすいと思います。「この人は○○

な立場だからこう言うのかな」と思うと、一意見として受け止めやすくなります。

気をつけるべきは「こういうこと言っちゃう人ってかわいそう」などと変な哀れみの精神を持たないこと。「人間って興味深いなぁ」という、いい意味での人間観察の姿勢が大事です。

意見を交換する14のルール

【ルール1】この世に絶対的な正しい意見などない、と心得る
【ルール2】相手にとってわかりやすい言葉と流れで
【ルール3】これから話す内容の「マップ」を示す
【ルール4】大事な箇所は表現を変えながらくり返して
【ルール5】断定的な口調は避けて
【ルール6】反論＝人格否定、ではない
【ルール7】NOは相手からの「質問」だと思おう
【ルール8】相手の話をさえぎらない
【ルール9】「わかったつもり」はNG
【ルール10】相手の意見の丸呑みは「尊重」ではない
【ルール11】相手のペースにのまれないで
【ルール12】根拠を聞こう、口に出そう
【ルール13】知ったかぶりをしない
【ルール14】反対するなら代替案を

Last Lesson

「?」に気づくことが「考え」のはじまり

Last Lesson

言葉になっていない「？」に気づく授業

子ども　「今日は、ボクの大好きな車のオモチャを持ってきたので、それについて話をします。かっこいいでしょ？　これはスポーツカーで、ボクの3歳の誕生日に、パパが買ってくれたんだ。いつも一緒に遊んでるんだよ。お兄ちゃんが貸してって言うけど、絶対に貸さないんだ。だってボクの大事な、宝物だもん」

先　生　「その車はパパに頼んで買ってもらったの？」

子ども　「そうだよ！　ずっとこの車がほしかったの」

先　生　「どうしてその車が大好きなの？」

子ども　「えっ!?　どうしてって……えーっと……どうしてかな……わかんない……」

Why do I like it ?

もやもやした気持ちの中に自分の本当の考えがある

前ページでご紹介した「ある教室でのやりとり」は、欧米の幼稚園での1コマをイメージしたものです。

ここで子どもが行なっているのは、いわゆるShow & Tellと呼ばれるもので、子どもがお気に入りの物について発表する、というものです。ここでこの男の子は、先生に「なぜそのオモチャが好きなのか」と尋ねられて答えに困っていますね。

これが何を意味するかは後ほどお話しするとして、まずは皆さんの「考え抜く力」に直接関係のある話からはじめたいと思います。

それは、「考え抜く人になるために、普段から心がけておきたいこと」です。

英米人と日本人の考え方の違いについてはこの本でも色々と述べてきました。でも、まだお話ししていない大事なことがあります。

それは、英米人に比べると、日本人は**「何かおかしい」、「何か納得がいかない」という感覚をそのまま放っておく傾向がある**、ということです。

皆さんは、「何かおかしい」と自覚しているにもかかわらず、そのまま放っておいた……という経験はありませんか。

たとえば、会議で誰かが言ったことについて「何か納得がいかないなぁ」と思いつつもそのまま流してしまった、とか。タクシーに乗ったとき、いつもよりかなり料金が高くて、心の中で「あれ?」と思いながらも指定された料金を支払ってしまった、とか。誰かと大事な話をしていて、「あれ？　自分が考えていることとちょっと違うな」と思っても、その気持ちを無視して進めて、あとで困ったことになってしまった……など。

相手の不注意で被害を受けたのに、「最終的には大したことじゃなかったから」と言って、話し合いなどをせずにそのまますませたという日本人の話はよく聞きます。

たとえば、ネット接続業者のミスのために1日ネットが使えず、1日分の仕事を棒に振ってしまった、という人。この人は、ネットが次の日使えるようになったことがわかったとき、「今日は使えますね、直してくれてありがとうございます」と業者に（嫌味ではなく）お礼まで言ったのだそうです。

この人は、このような事態について明らかに「何かおかしい」と違和感を抱いていました。でも、「謝ってくれたから、よしとするか」、「相手も悪気はなかったし、ま、いいか」と言ってそのままにしていたのです。

「何か気になる」という気持ちの中にあるもの

そのままにしておくことが悪い、と言うつもりはありませんし、アメリカ流に訴訟を起こしたり声高に権利を主張することがよい、と言うつもりもありません。

ただ、私が気になるのは、「何か納得がいかない」という消化し切れない気持ちを持ち続けていたのに、何もしなかった、という点です。気持ちがくすぶっていたのなら、なぜそのくすぶっている気持ちに正面から向き合って「何か納得がいかない、と感じるこの気持ちは何？　そう感じるのはなぜ？」と自分に問いかけないのだろう、と思うのです。

ネット接続業者のミスのために1日分の仕事を棒に振ってしまった人でも、もしも「1日仕事ができなくたって平気」と素直に感じるようなら、「何か納得がいかない」と違和感を持つことはおそらくないと思います。

何か納得がいかない、という感覚があるということは、消化し切れない「何か」、「なんだかわからないけれど気になること」が明らかに自分の中にある、ということです。そして、**「気になること」というのは多くの場合、その人にとって「大事なこと」なのです。**

その「何か」が「大事なこと」である以上、その実体を知る必要があります。

では、どうすればその実体、つまり自分の大事なことをきちんと把握することができるのでしょうか。

「ん？」に気づく、認めてやる

まず最初にしなければいけないことは、「何かおかしい」、「なんだかわからないけれど納得がいかない」といった気持ちの存在にきちんと気づいてやる、ということです。

慣れていない人は、この最初の作業が難しいと感じるかもしれません。「何かおかしい気がするけれど、ま、いいや、放っておこう」という態度が習慣化してしまっていると、「気持ち」が存在していることにすら、気づきづらくなっているかもしれませんから。

でも、心配しなくても大丈夫です。ちょっと訓練すれば気づけるようになります。

訓練と言っても、とても簡単なものです。プライベートでも仕事でも、「ん？」と思ったら、とにかくその気持ちを逃さずに、その「ん？」の存在に気づいて、その気持ちを認めてやる。それだけです。そして、これを習慣化するのです。

さて、自分の中にある「何かおかしいという気持ち」の存在に気づいたら、次は、**「自分にいい意味でわがままになる」**ということをやってみます。

「自分にいい意味でわがままになる」というのはもちろん、自分の気持ちをとにかく優先させて勝手放題にふるまう、という意味ではありません。自分の気持ちにきちんと正直になる、という意味です。

たとえば、あなたが、自分のチームの仕事の進め方に関して「何かイヤだな」とある日感じたとします。

そうしたら、その気持ちを押さえ込もうとしたり、「そう感じるのは私が未熟だからだ」などと納得したりせずに、「そうか、私はイヤだと感じているんだね」と、とにかくその気持ちを自分で受け止めてやる。それが、自分にいい意味でわがままになる、ということです。そんな気持ちを抱いている自分をいたわってやる、認めてやる、という感じです。

「気持ちの実体・根拠」を把握して、大事なものを認める

自分の気持ちを認めてやったら、次に、その気持ちの正体を明らかにします。

たとえば、ネットが使えなかったために1日仕事ができなかった人。この人は、「何かおかしい」とモヤモヤと感じていました。

そこで、「この『何かおかしい』というモヤモヤとした気持ちは一体何?」と自問してみます。そして、「何かおかしい」の正体は何か、あれこれ考えてみるのです。

「罪悪感? 仕事が遅れてしまったという焦り? 他人のせいで仕事ができなくなったという怒り? それとも、やるせなさ?」という具合ですね。そうやって問い続けるうちに、「もしかしたら正体はこれかもしれない」という答えが見えてくると思います。

たとえば、「何かおかしい」の正体が「やるせなさ」だったとします。

正体がわかったら今度は、「なぜそう感じるのか」と、自分に聞いてみます。今回の場合なら「なぜやるせなさを感じるのか」と尋ねるわけですね。

これに対する答えがたとえば、「1日仕事ができなかったために、向こう2、3日は夜遅くまで仕事をしなければならない。遅くまで仕事をするとなると、いつものように家で夜ののんびりすることができなくなる」だったとします。ここに至ってこの人はようやく、「私にとって、のんびりする夜の時間はとても大事だったんだな、のんびりする時間は私にとって、充電のようなものなんだな」と気づくことができるわけですね。

「わがままになる」必要性

さて、先ほど「何かおかしい」の存在に気づいたら、自分にいい意味でわがままになることが大事だ、と書きましたが、自分の大事なことが何かわかったら、ここでもまた、いい意味でわがままになることが必要になってきます。なぜかと言うと、「大事なこと」の中身は、人に自慢できるような「すばらしいもの」であるとは限らないからです。

「夜ののんびりとする時間がとても大事だ」と気づいた人も、その「のんびりする時間」に実際何をしているかというと、床に寝そべってお酒を飲んで、お世辞にも高尚とは言えないテレビ番組をダラダラと見続けているだけかもしれません。そんな非生産的な時間が「大事」だなんて、自分ってダメだなぁ、と思うこともあるかもしれません。

でも、ここで「ダメだ」なんて思う必要はないんです。その「大事なこと」がよほど社会的、倫理的に許されないような内容である場合は別にして、非生産的だろうがなんだろうが、自分にとって大事なものは大事なんだ、と素直に認めてやればいいんです。**イヤな部分も含めて自分を認めてあげないと、本当に大事なことは見えてこないのです。**

なんだかわからないけれど「何か」気になる、という感覚は、何もネガティブな話に限ったことではありません。

たとえば、あなたが誰かのレクチャーを聴いて、理由はよくわからないけれど「何かいいなぁ」と思ったとします。ここでも、「何かいいなぁ、の正体は何か」、「私がそのような感情を持つのはなぜか」と自問すれば、大事なことが見えてくるはずです。

つまり、ネガティブな感覚でもポジティブな感覚でも214ページ**図1**のようなプロセスを通して自分と向き合い、自分の大事なことを探ってやります。すると、もやもやしていた何かが掘り起こされるのだと思います。

自分の「大事なこと」を知る、つまり、自分のことをよく知る、という姿勢は、意見を持つ上でとても大事です。

Lesson5で、「意見を言うのなら、それなりの覚悟が必要だ」というお話をしました。「自分が言おうとしている意見がとんでもない事態を引き起こしたとしても、私はその責任を負う」という覚悟が必要なのでしたね。

「たとえ皆になんと思われようともこれだけは言いたい」という気持ちは、言いかえれば、「これは、自分にとって大事なことだとわかっているからこそ、覚悟を決めて言いたい」という気持ちなのです。自分にとって大事なことがわかっているから「意見」が生まれ、

図1　自分にとって大事なことに気づく手順

1　モヤモヤした感情に気づく

↓

2　その感情を押し殺さずに、認めてやる

↓

3　その感情は何か、その正体を探る

↓

4　なぜその感情を持つのか、根拠を探る
（→自分の大事なことがわかる）

↓

5　「○○は自分にとって大事なんだ」と認めてやる

それを伝える覚悟が宿るわけです。

私たちが「自分にとって○○は大事」と気づく。その出発点は、「何か気になる」というなんとも漠然とした感覚なのではないでしょうか。先ほどの、昇給について相談すべきか否か悩んでいた人は「昇給は私にとって大事だ」と気づいていますが、この気づきも、「自分の処遇が何かおかしい気がする」という、ぼんやりとした感覚が原点となっているかもしれません。

ぼんやりとしていた「何か」を見逃さないために

私は20年にわたって大学で英語と「考えること」を教えてきましたが、その間、自分にとって大事なことを見きわめられない学生をたくさん見てきました。「大事なことは何か、1か月悩んだけれどわからない」と打ち明けてくる学生はけっこういますし、「自分ではわからないから先生決めてください」と言う学生もいます。「大事なことはこれだ！」と見つけたはずのものが実は、自分へのごまかしだったことにあとから気づき、うろたえる学生もいます。「自分にとって何が大事なのか、わからない」といって泣き出す学生もいるんです。

若いのだからしょうがないでしょう、とおっしゃる方もあるかもしれません。でも、大事なことというのは年齢に関係なく、普段から意識していればおのずとわかってくるものではないか、と思います。

「自分にとって大事なことはこれだ」という意識はどこから生まれてくるかというと、多くの場合、「何かおかしい」、「何かいいなぁ」、「何か気になる」という、自分の中ですら言語化されていない気持ちなのですから。

「なんだかわからないけれど、いいなぁ、おかしいなぁ、気になるなぁ」という気持ちに向き合うのは日本人の不得意分野かもしれません。でも、英米人だって、訓練をしてきたからこそ、自分の気持ちにきちんと向き合えるようになったのだと思います。

かつてアメリカ人の友人から、こんな話を聞いたことがあります。幼稚園の頃、お気に入りのオモチャを幼稚園に持って行って皆に披露したら、先生に「なぜそのオモチャが好きなの?」と尋ねられ、答えられずにうろたえてしまったそうです。

「子どもの頃は、なぜ好きなのかとか、何が自分にとって大事なのかとか、自分のことなんか全然わかってなかった。でも最初はみんな、子どもの頃の僕と同じような感じなんだと思うよ」とその友人は言っていました。

この友人のコメントだけで英米人皆を語るつもりはありませんが、でも、こう言っていた友人が今では立派な「意見を持ち、それを伝える人」になっていることは確かです。学校や社会で、「意見を持ち、それを伝える人」になるための訓練を受けてきたからこそ、今の彼があるのです。

だから、誰でも、訓練すればできるようになるはずなんです。

まとめ　自分の大事なことに気づくリスト

- □ **「何か納得いかない」、「何か気になる」ところに、「大事なこと」がある**
- □ **「ん？」という気持ちに気づいて、その理由を探ってみる**

あとがき

私は長年、大学で英語教育にたずさわってきました。そんな私から見ると、日本で教育を受けてきた学生の多くは、文法にしても語彙にしても、（ひいき目なしに）かなりの英語力を持っていると言えます。

ところが、その文法力と語彙力をどんなに駆使しても、どんなに発音やヒアリングが上達しても、日本人による「英語で話す行為」と英米人のそれとは明らかに違うのです。

自国語でないというハンデを差し引いても、日本人のほうが話す内容量も圧倒的に少ないですし、「私にはどうしても伝えたいことがある、ぜひ聞いてほしい」というほとばしる情熱のようなものを感じることはあまりありません。

また、お互いの発言がからみ合って何かを生み出すという感覚もほとんどないのです。

日本人と英米人の「話す行為」の違い

一体この違いはどこから来るのか、どうすれば学生たちを「ネイティブ・スピーカーのような話し方」のレベルに持っていってやれるのか、教えはじめた当初は悩みました。

そしてあれこれ調べたり試行錯誤をくり返すうちに、英米人の「話すという行為」と日本人のそれとの決定的な違いは「意見の濃厚さ」にあるのではないか、と思うようになりました。

英米人は何かにつけて意見を言い、その上、かなり濃厚に自分の意見について説明してくるけれど、日本人は意見をあまり言わないし、言ったとしてもかなりあっさりとした言い方になる、ということに気づいたのです。

そこであるとき、「日本人の発言には『意見』が少な過ぎる、それなら、意見を言うことをもっと促せば、日本人の学生もネイティブ・スピーカーに近づくことができるはずだ」という仮説を立てました。

そしてその仮説のもと、大学生に指導をはじめたのです。

ところが、いざ学生たちに意見を言うよう促してみると、今度は自分の意見がよくわからない、という学生が何人も出てきました。

学生たちと格闘するうちに、日本では意見を言う場が欧米に比べてとても少ないということ、そして、意見の言い方はおろか、意見の作り方を学校で教わることもほとんどない、ということがわかってきたのです。

そこで私は、英語以前に「意見を持つとはどういうことか」というところから教えることにしました。

こうして、日本人の思考パターンと英米人のそれとの違いを意識しながら、「意見の作り方」を模索し、教える日々がはじまったのです。と同時に、意見を作る喜びを日本の子どもたちにも感じてもらいたいと願い、小学生を対象とした、考えるためのスクールも立ち上げました。各Ｌｅｓｓｏｎの冒頭での「授業風景」は、私が実際に子どもたちに行なっているものです。

今ではビジネスパーソンにも英語と「意見の作り方」を教えています。小学生からビジネスパーソンに至るまで、様々な「意見」と格闘した長い年月の中から、この本は生まれました。

この本でご紹介した考え抜くプロセスは、とても長く、骨の折れるものです。最初から最後までやり遂げるのは時間的にも体力的にも厳しい、と感じることがあるかもしれません。そんなときは、できる範囲内で、できることだけをやってみてください。根拠を意識してみるだけでもいいし、視点を1つ増やしてみるだけでもいい。あるいは、未来を予測してみるだけでもいい。

考え抜くための作業を1つでもプラスすれば、あなたの意見は今までとは明らかに変わってくるはずです。

日本社会では、考え抜いた意見を披露できる場がまだまだ少ないかもしれません。でも、さんざん言ってきたことですが、「考えること」はクセです。この本に書いてあるようなことを日頃少しずつ実行に移しておけば、いざというときに、説得力のある、イノベーティブな意見が言えるようになると思います。

最後になりましたが、この本を書くにあたっては、本当に多くの方に励ましていただき、また、お力もいただきました。

考えるということはどういうことか、日本人に必要な考える力とは何か、というヒントをいつもくれる、大学や Wonderful Kids の教え子たち、私のワークショップにお越しくださってすばらしい意見をシェアしてくださる皆さん、そして、私の考えをいつも高みへと引き上げてくれる友人たちに、心よりの感謝の言葉を述べさせてください。皆さまのおかげです。

そして、いつもサポートしてくれる家族にも、感謝。どうもありがとうございました。

狩野　みき

2013年6月

狩野みき（かの　みき）
慶應義塾大学、聖心女子大学、ビジネス・ブレークスルー大学講師。グローバル水準の考える力・プレゼン力・作文力を指導するスクール、Wonderful Kids主宰（www.thinkaid.jp）。子どもの考える力教育推進委員会、代表。20年にわたって、大学等で「考える力」「伝える力」と英語を教える。慶應義塾大学法学部卒、慶應義塾大学大学院博士課程修了（英文学）。著書に、『自分の考えを「伝える力」の授業』（日本実業出版社）、『知られざる英会話のスキル20』『知られざる基本英単語のルール』（共著、いずれもDHC）、『女性の英会話完全自習ブック』（アルク）、『オーレックス和英辞典』（共同執筆、旺文社）、『プログレッシブ英和中辞典』（共同執筆、小学館）などがある。TEDxTokyo Teachersにて英語でのTEDトーク "It's Thinking Time"を披露した。ニンテンドーDS『スヌーピーといっしょにDS英語レッスン』監修。

Twitter アカウント miki_kano

世界《せかい》のエリートが学《まな》んできた
「自分《じぶん》で考《かんが》える力《ちから》」の授業《じゅぎょう》

2013年７月１日　初版発行
2015年４月１日　第13刷発行

著　者　狩野みき
発行者　吉田啓二

発行所　株式会社日本実業出版社　東京都文京区本郷３－２－12 〒113-0033
大阪市北区西天満６－８－１ 〒530-0047
編集部 ☎03－3814－5651
営業部 ☎03－3814－5161　振　替　00170－1－25349
http://www.njg.co.jp/

印刷／壮光舎　製本／共栄社

この本の内容についてのお問合せは、書面かFAX（03－3818－2723）にてお願い致します。
落丁・乱丁本は、送料小社負担にて、お取り替え致します。

ISBN 978-4-534-05090-8 Printed in JAPAN